キレイかどうかは自分で決める

エステ講師／エステティシャン
永松麻美

はじめに

私は東京都世田谷区（下北沢）でエステサロンＳＵＨＡＤＡを運営し、エステティシャン、エステ講師として活動している永松麻美です。

エステの仕事っていうと一般的には綺麗な人がやる仕事、と思う方も多いようですが私は全くの真逆で幼少期からアトピー性皮膚炎、思春期からは顔中が炎症した真っ赤で大きな凹凸ニキビに15年以上も悩まされてきました。加えて、腕や足は毛深くて同級生の男の子に「ゴリラみたい」って言われるし、中学からは激太りしてそこに「デブ」も追加。自分の容姿にコンプレックスを抱き、外に出たくない、人に会いたくない、他人の目が気になって気になって仕方ない。ひどい時には「みんなに悪口を言われてるんでは」、「世界中の自分以外がみんな可愛く綺麗に見える……」と被害妄想を爆発させるほど自分の見た目が嫌いで、自信がなくて、どうしようもなかったし、うまくいかないことは全部、自分の容姿のせいにしていました。

「こんな最悪な見た目の自分が何をしたってしょうがない」を理由に、おしゃれやメイク、恋愛や人間関係などいろんなことを諦めました。足が太いから、ミニスカートは履けない、腕が太いし肩幅あるから流行りのキャミソールも着れない、とおしゃれから遠ざかり、野球部だった私は私服でもほとんど毎日スポーツメーカーのものを着ていました。ブスだしニキビだから、一生彼氏はできないだろう、そうやって見た目のせいにすることで、自分が何かの努力をしたり、行動することから逃げていました。

でも、そんなネガティブで全て諦めるような自分に嫌気がさして、まずは容姿を変えよう、元が悪くたって磨けばきっと綺麗になれる！と一念奮起。私にとって「綺麗になってやる」の決意は、自分の人生を諦めないための決意表明でもありました。

結果、ダイエットをして痩せたし、脱毛して毛深かった腕や足はすべすべになったし、メイクもするようになりました。スカートも履けました。ただ顔中に盛大に咲き誇るニキビだけは自分でどうにもできず。皮膚科や美容クリニック、デパートの高い化粧品、怪しいサプリに、とお金を注ぎ込むも、ことごとく失敗。ニキビだけは私の顔面から消えてはくれなかったのです。誰も綺麗にしてくれないなら自分でやるしかないと、25歳の頃ついにエステティシャンに転職しました。結果的に美容のプロとしてエステティシャンになり、エステ講師として美容を人に教え、顔のシワとりやスキンケアや皮膚の本を出版するまでになりました。コンプレックスが今では仕事になったのです。

20代で専門知識を学び皮膚の知識がつき、自分で自分のニキビを改善したころ、私は初めて自分の容姿に自信がもてた気がしました。学生時代より痩せたこともあり、久々に会った友人からは「綺麗になったね」と褒められるし、人生で始めて男性に奢ってもらう、連絡先を聞かれる、なんていう非モテまっしぐらな暗黒の青春時代を過ごした私にしては中々のモテ体験もしました。人からの「いいね」の評価にアドレナリンが出まくり「もっと評価してもらいたい」、承認欲求的なものが大暴発しました。

そんな日々が続いて、私はどんどん美容が好きになりました。見た目が変われば、人生が変わる、と。美容の力はすごい、と。自分だけではなく、そういう変化を起こすお客様もたくさん見てきました。「永松さんのエステに通ったことで、肌が綺麗になってすっぴんが怖くなくなった」、「初めて友達とお泊まりに行けた」、「彼氏ができた」、「初めて人に褒められた」、「旦那に数年ぶりに褒められた」、「同窓会で一番若いねって言われた……」など。たくさんのお客様の人生に関わらせていただいて、もちろんその経験は私にとっても、すごく価値のある宝物たちです。

でも、一方で綺麗になって自信がついたはずなのに、今度は歳を取って老けるのが怖い、美容を完璧にやらないと行けない！と、プレッシャーを感じていたり、なんだか綺麗になるとか容姿を人から評価されるのに疲れた人たちもいました。もっと綺麗にならないと、まるで誰かに脅迫されてるかのように自分を追い込んでいく人、一度得たまわりからの「綺麗！」を失いたくなくて、恐怖心に苛まれる人……。

「綺麗だと人に評価される」ことが自分の価値だという考えのもとでは、終わりのない迷路に迷い込んだように「もっともっと」「失うのが怖い」という負のループに陥ってしまいます。「綺麗になって、人生変わる」という言葉の間にある、いろんな言葉が省略されているように思えるのです。

綺麗になるための行動や習慣を通して、自分を受け入れられるようになった、継続できる自分に自信が持てるようになった、積み重ねの中で自分を好きになれた、その結果、人間関係や仕事などに積極的になれた、その結果、人生が変わった……などの、「間の言葉」があまりにも端折られてしまっていて勘違いされてしまう。

綺麗になって人生変わるなら、綺麗に生まれた人達は人生ずっといいことしか起こらずハッピーな一生なのかと言ったら、そんなわけありません。どんな姿かたちに生まれようと悩みや苦しみは当然あります。もしそうなら、綺麗な人が多いはずのハリウッド女優やモデルが薬物依存になったり、破産するのは説明ができなくなります。

容姿の良し悪しに関わらず、コンプレックスや綺麗になるための「美容」に苦しめられる人はたくさんいます。そもそも容姿の良し悪しって誰が決めているのでしょうか？　かつての私は気がついていませんでした。人生が変わったのは綺麗になったからじゃないってこと。私がつまづいてたのは容姿がいいとか、悪いとかの問題ではなく「自分の容姿をどう取り扱うか」「自分自身を何で評価するのか」を履き違えていたように思います。

苦しみの根源は、私の評価基準が他人にあったことでした。他人に認められたら価値がある自分、認められなかったら価値がない自分。根本的に自分に自信がなく、人からどう評価されるか、どうジャッジされるかで自分を見ていたから、あんなに苦しい気持ちになっていたのです。

でも、そう思ってしまうのも仕方ない。だって、多感な時期に散々、人からの評価やジャッジ……「ブス」とか「デブ」とか「ニキビ気持ち悪い」とか、「毛深くてゴリラみたい」なんて、言葉たちに傷ついてきたんだから。世界が歪んでしまうくらいに。

自分の中で、容姿コンプレックスが落ち着いてきた数年前に私は再び当時の感情に揺り戻される出来事が起きました。友人の子供、当時小学3年生の女の子に「ねえ、二重整形したいんだけど、どう思う?」と聞かれたのです。その質問に、私は眉間を銃で撃ち抜かれたくらいの衝撃を感じました。小学生の彼女は一重で、ぱっちりした二重に憧れているとのことです。話すと、脱毛もしたいし、はやく色々整形しなおしたい、と言っていたのです。なおしたい、なおす、ということは今「こわれている」と思っているということです。小学校3年の女の子に、こんなことを言わせてしまう社会ってどうなんだろう、と思いました。

私自身も小さい頃からいろんな容姿コンプレックスがあったけど、当時はまだ整形もプチ整形も脱毛も、身近ではありませんでした。可愛い、綺麗とされる人もテレビの中の世界で、あまりリアルにはいませんでした。もしかして、今の世の中の方が、私が育った時代よりも、強烈なルッキズム(外見至上主義)の中にいるんじゃないのか。私たちの頃よりもっと自分の容姿に自信が持ちにくい時代なんじゃないか。

ネットやSNSなど「綺麗な人」が遠い存在ではなく身近に感じられて、整形もハードルが下がった今、小さくても自分の容姿を「なおしたい」と思うのは当然なのかもしれない。だけど、私は「今ありのままのあなたでも、素敵なんだよ」って言いたいし、そんなふうに思ってほしいのです。と思うと同時に、そもそも大人である自分が、自分の見た目に満足できているのか。整形したいと思う日があったり、綺麗な人を羨ましく思う日だって、本当はあるんじゃないのか。自分の見た目を、自分自身がどう捉えて扱っていくのかは、子供だけではなく大人にとっても大事なことで、時にそれは人生をも左右するパワーをもっている。

子供時代、そして中年と言われる今の年齢になるまで、そしてこれから「老い」と向き合っていくことになる私が、自分が自分の見た目をどう捉えてきたか、どう自分と向き合ってきたのか、美容の仕事をしているからこそ、伝えられることがあるんじゃないのか。

私が美容のプロとして伝えたいのは、誰かにブスって言われたり、勝手な容姿ジャッジをされて傷つくことはあっても、自分で自分にブスとか、ダメな奴だと呪いの言葉を繰り返したりしないでほしいということです。他人の言葉だけでなく、私たちの心は、自分自身の言葉にもちゃんと傷つきます。自分で自分を否定することほど悲しいことはありません。自分だけは自分の味方でいてほしいんです。

だからこそこの本がそんな方に、そっと寄り添うことができたらいいな……少しでも気持ちが軽くなったらいいな、という思いで書き進めていくことにします。本の最後までお付き合いいただければ嬉しいです。

永松麻美

目次

INTRODUCTION

第3章

無意識の刷り込みをリセットする

第4章

「思い込み」のリセット方法

第5章 人に影響されない自信の育て方

あとがき

イラスト　ISAJI
デザイン・DTP　はらだなおこ
編集　井上俊樹

他の誰かではなく、あなたが美しい。

第1章

容姿に振り回されない自分に

CHAPTER 1

TO MYSELF WHO IS NOT INFLUENCED BY MY APPEARANCE

- 無意識の刷り込みが多い時代
- 間違った思い込みを洗い出す
- 人間関係、恋愛で表面化する歪み
- 人からの評価との距離の取り方

自分の見た目って周りからどう評価されているんだろう。そんな不安や心配を抱えたことがない人はいないはず。中には人に心ない言葉を投げつけられてイヤな思いをした経験がある人も多いことでしょう。自分の見た目が周りからどう見られ、どうジャッジされているか。まずは周りの目を気にする前に「自分が自分の容姿をどう捉えているのか」を見直してみませんか?

無意識の刷り込みが多い現代

普段何気なく見ているＳＮＳや動画サイト、電車や街で目にする広告。私たちはそういった情報の影響を無意識に受けています。特に近年はネットでの情報が増え、スマホの普及で目にする回数も増えました。それが容姿へのコンプレックスを深める一因になっています。

私たちは、日々さまざまな情報に影響を受けながら生活しています。身の回りに溢れている情報に、まったく影響されずに生きられる人はいません。

インターネットの普及に伴い、総務省の発表ではなんと「約20年で６４５０倍も情報量が増えた」というデータもあります。

それだけ情報過多な時代にあり、さらにスマホの普及で「情報に触れる時間・機会」

も大幅に増えました。目に入る情報が、私たちの心身にいい影響をもたらしてくれるなら問題ないのですが、実際は真逆のことが多いのです。

ＴＶ、ネットでの広告やＳＮＳでは、容姿のコンプレックスを刺激する表現が多いですよね。

「やせたら綺麗になって、彼氏ができた、結婚できた」「二重で可愛く」「毛穴がごっそり取れる」「シミがポロッと」あげればキリがないほど、容姿の悩みやコンプレックスを刺激する文言が溢れています。

「コンプレックス（外見・内面など本人が気にしている問題）」を解決することで対価を得る業種をコンプレックス産業といいます。

例えば、私の本業であるエステや、他にも脱毛、育毛、化粧品、美容クリニック、ダイエットなどがそれにあたります。そういったサービスは、理想の自分、なりたい自分に近づいたり、心身の健康や美容に役立ったり「悩みや問題を解決する」「良い変化をもたらす」人さまを笑顔に、幸せにすることを目的としています。

実際に私はエステという手段を通して、お客様の悩みが解消・軽減し、笑顔が増えたり、自信を持てたり、また健康に寄与したりと、お客様の心身への「良い変化」があることを経験してきました。

しかし、中には悪徳商法のようなものや、過激な広告や表現などコンプレックスを煽るような情報を流すところもあります。そういった情報に多く触れることで「私はキレイじゃない」「〇〇じゃないとダメ」「自分は醜い」と思い込んでしまっても無理はありません。私自身も、YouTubeやネット広告を見ていると時に「痩せろ」「脱毛しろ」「整形しろ」「老けるな」と、何か脅迫を受けているような気持ちになることがあります。

自分の気持ちが下がる、誰かが羨ましい、自分の容姿に焦燥感を感じたり、ダメ出ししたい気持ちになったら、スマホの画面を閉じることも必要です。

SNSやネットはたくさんのメリットがあります。友人や共通の趣味・興味の人たちとのコミュニケーション、欲しい情報を収集できるツールです。

でも、自分の心を守ることは情報収集よりも大切です。自分への自信を失ったり、不安をかき立てられたり。そういった小さな心への悪影響の先に、鬱病や摂食障害、身体醜形症など心身の大きな疾患が待っていても不思議ではありません。

外からの情報にかきたてられ見た目を磨いても、続きませんし心が消耗します。心が消耗した状態で努力をしても、疲れていくばかりです。

「健康のため」「理想の自分になるため」など「自分自身が必要性を感じ、納得して決めた」前向きな行動であるなら、それは素晴らしいことです。

でも、自分との対話ではなく、外部からの影響で焦燥感から手を出すと、キリがない。

「綺麗」には、完璧も完成形もないので「不安」や「ないものねだり」は永遠に終わらない。不安や焦燥感に駆られての行動は辛いものです。

「綺麗」は心地よく生きるためのひとつの手段。人は綺麗になるために生きてるわけではないですし、綺麗かどうかだけであなたの人としての価値は決まりません。

他の誰かではなく、まずは自分自身をみつめてあげるために、時には外部からの情報をシャットアウトすることも必要かもしれません。

見たくない情報をシャットアウト

- スマホ利用制限アプリを取り入れてみる
- スマホの電源をオフにする
- パーソナライズ広告をオフ
- YouTubeは課金して広告を飛ばす

間違った思い込みを洗い出す

私たちは過去の出来事や人から言われた一言、触れる情報から自分の容姿に対して「こうでなければいけない」「自分はこうだ」などの「勝手な思い込み」をつくっています。その思い込みがあることで、傷ついたり、自信をなくしたり、苦しんでしまうことも。

痩せたい、肌を綺麗にしたい、小顔になりたいなど「容姿をよくしたい人」は多いですよね。ほとんど全ての人に当てはまるのではないかと思います。でも、見た目をよくする努力を始める前に、まず自分の容姿に対する偏見をなくす必要があります。

多くの人が、自分の容姿をちゃんと見ることができていません。「鏡をみたら映ってるよ、ちゃんと見てるよ」と思うかもしれませんが、人は主観的な思い込みをもった状態で、自分を見ています。

例えば、エステサロンでお客様に鏡を渡すと毛穴が気になる人は「鼻が鏡にくっつく」ほどの距離に近づけて「毛穴が大きいんです」とおっしゃいます。誰だって、それだけ近づけは毛穴は目立つものです。さらに、毎日鏡で「毛穴だけをなめるような距離」で見て、呪文のように心の中で「私は毛穴が大きい」と唱えながら見ていたり、ばっちりメイクをしたうえで加工をしたモデルさんの綺麗な肌と、自分のすっぴん拡大状態を比べて「自分が劣っている」という思い込みを深めてしまう。でも、人間関係で鼻を触るような距離で見る機会は、まずありません。ゼロ距離であなたの顔を見る人はいないんです。

もちろん毛穴の詰まりや開きなど、物理的な悩みを解消することはできますが、事実以上に「自分はひどい状態だ」というフィルターをかけて自分を見ている人も多いように感じます。まずは「思い込みや主観的な視点」を一旦置いて、毛穴のケースであれば、鏡との距離をあけて「引きで見てみる」必要があります。

また、子供の頃に言われた「ブス」「デブ」「お前は○○だ」みたいな言葉は、心に残りやすく、思い出すたびに何度もその言葉を反芻することで、何度も心が傷ついて、まるでそれが事実かのように思い込みを強めていくこともあります。「子供の頃にブスって言われた、だから自分はブスなんだ」と思ったとしても、思い出してみるとブスって言われたのはたった数回で、実際は自分がその言葉や思い出を反芻することで「数百回、数千回」に回数を重ねていることも少なくありません。まるで、自分で自分に呪いをかけるみたいに。

例えば私は、子供のころ、よく服を汚していたのですが、あるとき母から「白は着ないほうがいい」と言われ、白い服を選ぼうとすると遠回しに他の色を進められるようになりました。母からしたら汚すと洗濯が大変、汚れてたら本人が恥をかくから、といった理由だったと思います。でも私は「自分は白が似合わないんだ」と思い込み、大人になっても無意識に白の服を遠ざけていました。思い込みは過去の経験から、無意識につくられていきます。

服の色くらいならなんてことないのですが、容姿に関することや自分が重視していることだと、人としての自信まで失ってしまうこともあります。

また、言った側は悪気はなくても自分が「悪く言われた」と捉えてしまうこともあります。「目が細い」「たくましい背中だね」「背が大きい・小さいね」「髪が多い・少ない」などは、捉え方によっても意味が変わります。例えば私は「髪が多いね」と、美容室にいくと必ず言われます。でも若い頃は、髪が少なく猫っ毛で動きがあり、まとめ髪の結び目が細い華奢な髪の毛に憧れていたので「髪が多いね」は、けなされてるように感じていました。言った人は褒めているつもりでも、言われた方はそう捉えていないことも多いのです。

誰かに何かを言われても、その言葉をどう捉えるかは自分で決められます。

人の容姿に否定的な言葉を投げかける人は、信頼すべき人ではありません。そんな人や言葉を信じるよりも、自分の味方になってあげてほしい。あなたの最大の味方は、あなた。誰かに攻撃されたら、全力で自分の心を守ってあげてください。

まずは、あなたの中で真実になっていることを疑ってみることもおすすめします。

容姿は要素の一つに過ぎないと客観視する

できていない人の理由

例：昔言われた「ブス」を信じている

トレーニング方法

綺麗になれば（例：痩せれば解決する）と思っていることを書き出してみる／本当にそう？か客観的に考えてみるor信頼できる人に聞いてみる。

人間関係、恋愛で表面化する歪み

DISTORTIONS THAT SURFACE IN RELATIONSHIPS AND ROMANCE

前項でお伝えした「間違った思い込み」が表面化・問題化しやすいのが人間関係。特に恋愛ではその傾向が強く出ます。いつも「同じパターン」で傷つく、悩む、失敗するという人はもしかしたら自分の中にある歪んだ価値観が影響している可能性があります。

人間関係から見た目の悩みに影響することは多く、とくに幼少期や思春期以降に親や保護者、先生、友人、パートナーから言われたちょっとした言葉が、見た目の悩みになることは、よくあることです。

そして、その逆も起こります。

自分の見た目で悩んでいる人は、対人関係に悩みを抱えやすいのです。自分の容姿に対してコンプレックスや「間違った思い込み」をもっていると、そのフィルターを通して人をみたり、人から言われた言葉を歪んで解釈してしまうことがあるからです。

例えば、私は奥二重ですが、若い頃は今よりもっとキツく吊り上がった目元でした。年齢とともに徐々に目尻が下がってきたので、今思えば吊り上がった目元も若さの象徴で魅力のひとつだったと思えます。しかし当時はぱっちり二重こそ美人の象徴で「二重＝可愛い・綺麗」「奥二重は負け組」と思い込んでいました。あるとき友人に「あさみの目ってアジア人！って感じ！」と言われたことがありました。彼女は「切れ長のアジア人らしい目元がクール」という褒める意図で言ったのですが、当時の私は完全に悪口と捉えました。

あとあと認識の違いや誤解を解くことができたから良かったものの、そこで話が終わっていたら私は「面と向かって目を貶《けな》された」と思い込み、友人を一人失うところでした。

また、ニキビで悩んでいた頃は「街で人と目が合った」という事実だけで「気持ち悪いって思われた」と追い詰められたような気持ちになっていました。

ここでの事実は「目が合った」ということのみです。勝手に自分で「気持ち悪がられた」という意味をつけています。目が合った＝ニキビがあるから目が合った、ニキビ＝気持ち悪い＝自分は気持ち悪い見た目＝自分は気持ち悪い人間…というふうに自分で負の思い込みループを作り上げていました。

事実は、「人と目が合った」「顔にニキビがある」ということだけです。確かに世の中には、ニキビをきもち悪いと思う人もいます。でも、だからってニキビがある人がきもち悪いというのは拡大解釈すぎですよね。

根本の原因は相手そのものではなく、相手の言動を自分の「コンプレックスフィルター」を通し、歪んだまま捉えてしまうことです。

このような「見た目の悩みから人間関係に影響する」ことは頻繁に起こります。相手に攻撃された、だから自分も相手を攻撃する、人がキライ、接するのが恐いという思考になってしまうとますます人間関係はうまくいきません。

人間関係のはじまりは、親でも、友人でも、パートナーでもなく、自分自身。まずは自分との関係がうまくいかないと、例え身内であっても人と良い関係を築くことは難しくなります。気が付かないうちは、相手が変わっても人を通して、何度も「歪んだ思い込みがあるよ」のサインが人間関係のトラブルや問題として起こってきます。

恋愛で毎回同じパターンで失敗する人も「自分の間違った思い込み」からくることが多いです。

こうした「歪み」をリセットするには、コンプレックスそのものを解消する必要はありません。私の過去のケースでいうと、目が吊り上がっているのがコンプレックスだからといって「二重整形」して解決！する必要はなく「目が吊り上がっているのを気にしている自分、人から指摘されたら嫌な気持ちになる自分」を自覚するだけでも、客観的な視点が持てるようになります。

「あ、今、わたし自分のコンプレックスからモノを見ている・捉えているな」って思えれば、ひとまずそれでいいのです。

誰かに何かを言われてイラッとしたとき。人に攻撃されたと感じたとき。人間関係で毎回同じパターンで悩んだり、失敗するとき。それは自分の歪んだ思い込みに気が付くチャンス。「なんでイラッとしたのだろう」「相手は本当に私を攻撃するつもりで言ったのかな？他の可能性は？」といった視点で考えてみると、自分の中にある「歪みフィルター」に気が付くことができます。

そういった自分の思考の癖のようなものに気がついていけば、コンプレックスはあまり悪さをしなくなり人との関係も良い方向に変わっていきます。

「人からの評価」との距離の取り方

HOW TO DISTANCE YOURSELF FROM "EVALUATIONS FROM OTHERS"

自分の考え方の癖や歪んだ思い込みをクリアにしていっても、人からのちょっとした言葉に傷ついたり、見た目への評価から完全に逃れることは社会生活の中では難しいものです。そんなときに傷つかないために「人からの評価」との距離の取り方についてお話しします。

人はあなたにいろんな評価を下してきます。以前SNSでみかけたコピーライティングに「女は、生きてるだけで、ミスコンに強制参加させられている」というようなものがありました。これは目に見えない違和感をうまく表現してくれたな、とすごく納得したのを覚えています。

私は少し前に、駅を歩いていたところをサラリーマン風の中年男性に声をかけられ、振り向いたら「なんだブスのババアか」って吐き捨てる様に言われたことがあります。

こっちからしたら「歩いていたら言葉の暴力をいきなり振るわれた」状態で、車の当て逃げ事故にあったような気持ちになりました。

大人になるにつれて、人によっては子供時代から「勝手に評価される」「欲望の対象として見られる」経験をしていきます。その評価が「美人だね、モテるでしょう」などの「一見良い評価」だろうと、「ブスだ、そんなんじゃ彼氏できないぞ」などの悪い評価だろうと「どっちも失礼」なんです。

自分が安全運転を心がけていても、相手が原因で事故が起こるのと一緒で、おかまいなく「煽り運転」「言葉の暴力」を投げつけてくる人は残念ながらいます。

自分で選べる人間関係の場で頻繁に起こるなら「暴言を吐く人と距離を取る」こともできますが、駅でいきなり…など避けられないこともありますよね。

無条件に人の言葉を受け入れる必要はないし、誰かの意見、しかも暴言を吐くような信用に値しない人間からの評価を「全世界の人」「満場一致の評価」と捉える必要もありません。

また、先のような当て逃げのようなことではなく、あなたの日常の中に何度も容姿をいじってきて、嫌な気持ちになるということが起こるなら、それは放置せずに改善する必要があります。

相手に「嫌な気持ちをしているからやめて」と、伝えられたら一番いいです。意外と自覚なく言っていることも多く、言っている本人は「お笑い」だと勘違いして面白いことを言っている気になっている、いじられて喜んでいるだろうと勘違いしていることもあります。

伝えても改善されない場合や伝えるのが難しい場合は距離を取ってください。

それが職場なら頼れる上司に相談してみる、などアクションをすることも大事です。長い目で見たらあなたを否定し続け言葉の暴力をふるい続ける人間の近くにいるのは、心身の健康上危険です。

あなた自身が、あなたの心をしっかりと守らなければいけません。他の誰でもない自分の心を軽く扱わないでください。

あなたが嫌だと思うことを、あなたが容認してはいけないのです。たとえ世界中の誰もがあなたを軽く雑に扱おうと、あなたはあなたを雑に扱ったり、蔑ろにしてはいけない。

「自分が我慢すれば」は美徳かもしれませんが、世界中で一番あなたの心を大事にできるのも守れるのもあなた自身です。「自分が何か言われるのは構わないけど、親の悪口、子供の悪口を言われるのは許せない」という人がいますが、自分のことも構ってください。自分の心も、自分の子供のように、大切にしてあげてください。
あなたの大事な人も、あなたを大事に思っています。あなた自身のために、あなたは怒ってもいいのです。

「自分を大事にする」というのは、自分の感情をちゃんと自分で認めてあげること、そしてそれを無視しないことから始まります。

世界中で一番あなたの心を大事にできるのも、守れるのもあなた自身

CHECKLIST

第1章

容姿に振り回されない自分に

✓ 無意識の刷り込みが多い時代

- □ 気持ちが下がる、誰かが羨ましい、など、
容姿に焦燥感を感じたら、スマホの画面を閉じる
- □ パーソナライズ広告をオフにする
- □ YouTubeは課金して広告を飛ばす

✓ 間違った思い込みを洗い出す

- □ そもそもゼロ距離であなたの顔を見る人は、
まずいないことに気づく
- □ 鏡との距離を遠ざけて「引きで見てみる」習慣をつける
- □ 誰かに何かを言われても、
その言葉をどう捉えるかは自分で決められる

✓ 人間関係、恋愛で表面化する歪み

- □ 相手の言動を自分の「コンプレックスフィルター」を通し、歪んだまま捉えない
- □ 「指摘されたら嫌な気持ちになる自分」を自覚し、客観的な視点を持つ

✓ 人からの評価との距離の取り方

- □ 嫌であることを伝えても改善されない場合や、伝えるのが難しい場合は距離を取る
- □ 世界中で一番あなたの心を大事にできるのも、守れるのもあなた自身
- □ 「自分を大事にする」というのは、自分の感情をちゃんと自分で認めてあげること

第2章

幸せになるための容姿の取り扱い方

CHAPTER 2

HOW TO MANAGE YOUR APPEARANCE TO BE HAPPY

☑ 綺麗になれば全部上手くいく、は幻想
☑ 美人が得とは限らない
☑ ブスも美人もいじめられる？
☑ 心を置き去りに綺麗になると

私も美人に生まれたら、もっと幸せで楽勝な人生だったのに。そう考えたことがある人もきっといるはず。ルッキズム（外見至上主義）が蔓延する今の社会で、きっと美人の人生はイージーモード。でも本当にそうでしょうか。本当に見た目の美しさは私たちの心を満たして、人生を豊かにして、幸せにしてくれる？　見た目を磨くのは素敵なことだけど、見た目の良し悪しだけで人生が決まることはありません。

綺麗になれば全部うまくいく、は幻想

IT'S AN ILLUSION THAT EVERYTHING WILL BE FINE IF EVERYTHING BECOMES BEAUTIFUL

「綺麗になれば人生がうまくいく」と考える人は多くいます。綺麗な人や写真を美しく加工した人が増えた分「容姿がいいこと」がまるで幸せな人生への入場チケット、もしくは必須条件のように思い込んでいる人もいるかもしれません。でも、本当にそれは真実なのでしょうか？

私は美容の仕事をしているので、肌が綺麗になって別人のように明るい表情を見せてくれるようになった人や、ダイエットをして自信が生まれてメイクやファッションを楽しめるようになって人生が変わった！という人とたくさん出会ってきました。

美容やエステの仕事は、お客様にそういった結果・変化を出すことで、喜んでいただくやりがいのある素晴らしい仕事だと思っています。

私自身、昔ニキビや肥満で悩んでいた時期がありました。それが解消されていく過程で「綺麗になって人生が変わった」と感じましたし、見た目を磨くことには「その人の人生まで変えてしまう」ほど大きな影響力があります。

ただ、実際はただ単純に「綺麗になったから人生がうまくいく」わけではありません。見た目を磨く中で、自分の魅力に気が付き、それを磨く方法を身につけたり、スキンケアや食事など生活習慣を改善するなど、その過程や行動の中で、自分を大事に扱うこと、継続できる自分に成長や自信を感じて、前よりも自分のことを好きになれた結果なのです。

「いつもうつむいていたけど人の目をみて話せるようになった」とか、「いつも無表情だったのに、明るい笑顔が増えた」、「自分の体型が好きになり、オシャレが好きになった、楽しめるようになった」、「自信がついて何事にも積極的になった」など、何かしらその人自身の「行動が変わった結果」人生にプラスの影響を及ぼしたのです。

「容姿が良くなったら、人生がうまくいく」のなら美人はみんな人生がうまくいっているはずです。目鼻立ちが整っていても自信がもてない人は意外と多いですし、美女やイケメンがみんな勉強や仕事ができる、友人関係も恋愛もうまくいく、なんてことはありませんよね。

確かに初対面では見た目の印象は大きいですし、見た目がその後の人間関係に左右することはあります。でも、取引先が美人だから契約しようとか、イケメンだから結婚しよう、とはなりますか？　なる人もいるかもしれません。でも多くの人は取引内容で契約の可否を決めるし、イケメンでも浮気性とかギャンブル癖があるとか暴力を振るうようでは顔が良くても困るわけです。顔や見た目は印象を左右しますが、能力や人間性とは別ものです。

容姿や見た目は人の特徴・魅力のひとつにしか過ぎません。そしてひとつの特徴や魅力だけで人生は決まりません。数学が苦手だから人生終わった、とはならないし、数学さえできれば人生全てうまくいく、なんてこともありません。なにかひとつで勝負する必要なんてない。あなたの価値はたったひとつの能力では決まらない。

容姿を磨くのは素敵なことで、その過程で健康的な生活習慣が身についたり、自分を受け入れる、好きになれる、自分の魅力に気が付くなどたくさんのいい変化が起こります。だから私は美容が好きです。

でも、綺麗になれば全部うまくいく、なんて幻想は捨ててしまったほうがいいです。今うまくいっていない問題を、自分の見た目のせいにするのはやめましょう。見た目を変えなくても、自分の行動次第で友達はできるし、恋愛もできます。勉強や仕事を改善していくための行動だってできるはずです。

何が綺麗かは人の基準によっても違うし、綺麗は魔法ではありません。その上で、見た目を磨きたい人はもちろん、磨いていきましょう。

COLUMN｜綺麗になれば彼氏ができる？

綺麗になれば彼氏ができるという考えは実は危険なのでは、と思います。綺麗な見た目をきっかけに中身を好きになった、人間性に惹かれた、一緒にいて心地よいというのなら、素敵なことですが「見た目」だけに惹かれた場合って、そのあとどうなっちゃうんだろうと思いませんか？「若く美しい」日々は長くはなく、誰にでも平等に老いは訪れます。「綺麗じゃなくなったら価値がないの？」「捨てられるの？」そんな不安を抱えながら、過ごしていくのはすごく怖くないですか？　いくら歳を重ねても、あなたの人間性に魅力があればパートナーはできます。素敵な恋愛もきっとできます。素敵に歳を重ねている人の魅力には、若さではかなわないことだってあるんです。

美人が得とは限らない

「美人は得だよね」って言葉に異を唱える人は少ないと思います。美人を若さ、に置き換える人もいるかもしれません。でも、果たして本当にそうでしょうか。美人は得するのは本当か、逆に容姿がいい人にはデメリットや苦労はないのでしょうか。

一般論では美人は得であるというのが定説になっていますよね。もちろん、容姿に恵まれているとメリットはあるでしょう。ある米国の大学の研究では「美人は不美人に比べて生涯年収がおよそ3000万円以上得をする」というデータもあるそうです。

でも、なんだか「いい部分だけ」がフィーチャーされているな、と思うのです。だって、美人のメリットは大いにあちこちで目にするのに、美人の苦労やデメリットについてはあまり語られません。

実際問題、人は美しい人や目鼻立ちがいい人に目がいきがちです。結果、容姿のいい人は周りの注目を集めますよね。ただ、容姿がよかろうとなんだろうと、**注目されるのが嫌な人にとってはそれ自体がつらいことになり得ます。**さらに、「見た目がいいからきっと○○に違いない……」と芸能人やアイドルのように、よく知りもしない他人から勝手に幻想を抱かれたり、誤解されたり、意外と見た目だけに注目されて自分自身の中身の部分を見てもらえない、と感じる人もいます。

私には胸がとても大きい友人がいるのですが、よく「男性が私の目ではなく胸をみて話してくる」と言っていたことがありました。それに似たような現象なのでしょう。顔の綺麗な友人も、「私の性格や中身なんて知らないのに顔で好きになられる。それって私の個性や努力、中身は評価してもらえない」ということで悩んでいました。

「それでも人に好かれて、好意を寄せられるならいいじゃない」と思うかもしれません。しかし一方的で強烈な好意は、時に悪意と同じくらい「恐怖」の対象になることもあります。勝手に惚れられて、勝手に恨まれて、勝手に攻撃されることだってあり得ます。嫉妬から悪意をぶつけられるようなこともあります。学生時代、美人な友人は上の立場の人に妬まれ、やることなすこと些細なことでも大袈裟にケチをつけられ、怒られたり人間性を否定され攻撃され続けていた時期がありました。

私がこの章で伝えたいのは、美人だって大変なんだ、分かってよ、ということではなくて、驚くほど顔の綺麗な人がいたとしても「同じ人間だよ」ということです。うまくいかないこともあるし、人間関係や些細なことで悩んだり、苦しんだりします。目立ちたくなくて、静かに暮らしたい人だってたくさんいるんです。

人の見た目は多種多様で「美人の定義」も国や文化圏、時代で変わり、そして個々の好みでも変わる実はあいまいなものです「美人は特別」、「美人は幸せに違いない」という思い込みや、「美人対不美人」という対決の構図を作らないことが大切だと思いませんか？　そもそも美人なんて曖昧《あいまい》な定義で、みんな美人、綺麗、可愛いでいいじゃないと思うのです。境目やカテゴリーをつくる必要なんてないのです。

自分の容姿がいいからとそれを鼻にかけて、誰かをバカにしたり、人に何かを要求をするのが品のない行動なのと同じくらい、「あなたは美人なのだからこれくらいいいじゃない」という決めつけや押し付けも品がない行動です。

生まれ持った目鼻立ちを自分で選べないのは、美人も一緒。見た目さえ良ければ、「恵まれているよね、得しているよね、見た目が良いのだから幸せでしょ！」といった周りからの決めつけで苦しんでいたり、寂しい気持ちになっている人はたくさんいます。

美人が得とは限らない、どんな見た目の人であっても同じ人間なのだから、悩んだり苦しんだりするというものすごく当たり前のことを忘れずに、決めつけや押し付けをせずに接していきたいですよね。

誰だって、他人の物差しで自分をジャッジされるのは嫌なものです。それが一見「良い評価」だとしても。自分も人を勝手な価値観でジャッジしないように心がけたいものですね。そうしたら少し、ほんのちょっとだけ社会が良くなる気がします。

人の容姿も魅力もそれぞれ。
天秤にかける必要なんてありません

ブスも美人もいじめられる?

よく「ブスだからいじめられた」という声を聞きますが、美人もいじめられることはあります。いじめと容姿は関係ありません。いじめる人にとって容姿は理由づけでしかなく、本質はそこではありません。見た目が理由で人から攻撃されるなんて、あってはならないことなんです。

私は子供時代、別々の時期に「ブスだから」「美人だから」という両方の理由でいじめられたことがあります。

一番最初は幼稚園くらいの年齢のころで、お気に入りの髪留めを取られたり、描いた絵を黒のクレヨンで塗り潰されたり、遊具から突き落とされ、よく泣かされていました。暴力的な相手に「なんでこんなことをするの」と聞いた時に「美人だから」「色が白いから」といった返答がありました。当時の私は「自分の見た目のせいでいじめられてるんだ」という思い込みをつくりました。

小学校に入ってからは、泣く代わりに反撃をするようになり、暴力的ないじめはほとんどなくなりました。でも、たまに仲間外れにされたりと、なかなか周りに馴染めない子供でした。やはり「偉そう」「色が白いのを自慢された」「睨まれた」など影で言われていました。自分の容姿を自慢したつもりは思い当たりませんが、私は子供時代、背が高く、目も奥二重で釣っているため「偉そう」「睨んだ」に見えてしまうのかも、と人とうまく関われない原因を自分の容姿や態度のせいだと思い込み、なるべく目立たないように、目立たないようにと縮こまり、猫背が癖になりました。

その後、中学時代になりニキビとアトピーが一気に悪化、白くてきめ細かい肌だった顔はボコボコの真っ赤に、思春期の成長とともに細かった身体は一気にふっくら。中1の1年間で10キロ以上体重が増えて顔も丸くなっていきました。

その頃「うわ、めっちゃブスになったじゃん」「デブになった」と陰で言われているのを聞いてしまいます。

幼少期には美人だといじめられて、今度はブスだって、またいじめられるのかも。そう思うと、美人でもブスでもどっちもダメ。自分はどんな見た目であっても人から受け入れられない存在なんだと思えて、もうとにかく目立ちたくない、人に見られたくない、透明になりたい、人と関わるのが怖くなり、中学時代は背中を丸めて、文字通り俯《うつむ》いて過ごしていました。

ある意味、私はブスも美人も両方経験できたのかもしれません。

その頃の私は自分は容姿のせいで、いじめられたり拒絶されていると思っていました。でも結局のところ、容姿がなんであれ、いじめは起きます。ブスだからいじめられる訳でも、美人だからいじめられるわけでもありません。

問題は、いじめられる人の容姿ではないんです。いじめる人間にとって理由は後付け。自分の抱えるコンプレックスやいら立ちを、ただそこにいた他人にぶつけ発散しているだけです。いじめる人の人間性に問題があるだけで、いじめられる側に問題はありません。そこに八つ当たりできそうな人がいたから、です。あなたの見た目のせいではありません。

いじめられた経験がある人や今、まさにいじめられていると感じる人は自分の容姿のせいだなんて思わないでください。

幸いにも私は、いじめで身体に傷が残ったり、いじめが原因で心の病になることはなく無事に生きてこれました。だけど、本当に毎日が辛い時期がありました。何よりも辛かったのは、いじめられた事実自体よりも、暴力や無視されることの心身の痛みよりも、辛さを理解してくれる人が周りにいないと感じたこと。そしていじめが自分の見た目を含めた「自分が悪いせい」と思ってしまっていたことです。他人にいじめられた上、「自分が悪いのだ」では、自分で自分をいじめているようなものです。自分で自分を否定することほど、辛いことはありません。

過ぎた時間は帰ってきません。悔しい、虚しい、悲しい、そんな気持ちを消化するには、今から楽しい毎日を送るしかありません。「いじめられていたあの頃」がどうでもよくなるくらい、幸せになるしかないんです。自分を攻撃するような言動をした人を許さなくてもいいし、忘れなくてもいい。ただ今、そして未来にある自分の人生や幸せを、そんな人のために放り出さないでほしいなと思います。

そして、辛い思いをしている人がいたら、話しを聞いたり、そっと寄り添ってあげてほしいと思います。鏡に映らないあなたの優しい心を、磨き続けてください。

心を置き去りに綺麗になると

容姿を磨いて綺麗になると、周りから褒められたり評価が上がり幸福感や満足を感じられます。でも、人からの「見た目評価」を自分の価値基準にすると「綺麗じゃない自分には価値がない」という考えに陥り、失う恐怖にとらわれてしまうことも。

以前、お肌がとても敏感でお顔中にニキビがあり、赤ら顔で悩んでいるお客様がいました。ＳＵＨＡＤＡのエステに来るようになってから、ニキビがかなり減り、お顔の赤みも引いて綺麗になっていきました。それで「めでたし、めでたし」なら良かったのですが、その方はお肌だけではなく、心もとても繊細な方でした。

綺麗になってからの方がむしろ精神のバランスを崩してしまったようで、ニキビがひとつできるたびに、夜中でもいつでも連絡が来るようになったのです。「今日おでこに、ひとつニキビができたんです、どうしたらいいですか⁉」「永松さんのところで使ってるお化粧品が、切れそうなんです、なくなったらまた肌が荒れてしまう！　明日買いに行っていいですか？」と、長期休暇中に長文のメッセージが来たこともありました。ご相談自体は、大歓迎ですし、通ってくださっているお客様に頼ってもらえる、お役に立てるのはエステティシャンとしてとてもうれしいことです。

ですが、「休みの日までお肌のことで頭がいっぱい」「このお化粧品が切れたらまた肌が汚くなってしまう……肌が荒れたら私は終わりだ……」と言わんばかりというのは、とても辛い精神状態だと思うのです。美容やスキンケアも、楽しいとか心地良いどころか、きっと切羽詰まった気持ちで、苦しいものでしかないのだろうな……と。

私はエステもお化粧品も大好きです。新しい化粧品を開けるときの、これで綺麗になれちゃうかも！という高揚感やワクワク感。エステを受けるときの期待感と、ちょっとの緊張感、受けているときの気持ち良さって、やっぱり何度味わっても特別で大好きな時間です。

たくさんの喜びや楽しさのある美容ですが、「綺麗にならなきゃ」「1ミリも肌荒れしたくない、したら死んじゃう」「エステに行かなきゃ！」「ケアしないと終わり」みたいな、追い詰められる感覚だったり、「あの化粧品がないと私の肌はダメになってしまう」というような、美へのこだわりが強すぎて自分自身の心のコントロールを失っている状態になってしまう。それは一種の依存症に近い、とても苦しい状況のように思えます。

エステティシャンの私が言うのもなんですが、エステがなくても、特定のコスメがなくても、大した問題ではありませんし、心身が健康なら肌はちゃんと綺麗になります。アレルギーや皮膚疾患など特定の問題がないならば、化粧品をつけ忘れたり、変えたからって「1日で肌が終わる」なんてことはありません。エステも化粧品もあくまでのその人の肌の「サポート役」であり、その人の肌をメインで作っているのはその人の体の機能です。

人が美に異様にこだわったり、化粧品に依存するのはそれなりの原因があってそうなっています。自分に自信がないとか、過去に何かトラウマみたいなものがあるとか、必ずその人にとって大きな理由があります。根本的な原因は自分自身と向き合うことでしか、解決することはできません。私は心理カウンセラーではありませんが、お客様のお肌のケアを通してお客様の心に寄り添えるエステティシャンでありたいと思っています。

COLUMN｜ダイエットについて

ダイエットで悩んでいる方も同様です。ダイエットは成功すれば、一時的に気持ちのバブルが起こります。しかし、人からの評価を自分の価値基準にすれば「もう２度と太れない」「年齢を重ね老けるのが怖い」など「綺麗じゃない自分は価値がない」という考えに陥ってしまいます。綺麗を失う恐怖にとらわれ心のコントロールが効かなくなると「自分への満足感、幸せ」からは遠ざかります。自分の人生を豊にする、幸せに生きるための手段の美容が、美容のための苦しい人生になっていきますよ。

CHECKLIST

第2章

×

幸せになるための容姿の取り扱い方

✓ 綺麗になれば全部上手くいく、は幻想

□ 綺麗になったからではなく、
「行動や生活習慣を変えること」にプラスの影響がある

□ 何が綺麗かは人の基準によっても違うし、
綺麗は魔法ではないことに気づく

✓ 美人が得とは限らない

□ 注目されるのが嫌な人にとっては
それ自体がつらいことに気づく

□「美人なのだからこれくらいいいじゃない」という
決めつけや押し付けはしない

✓ ブスも美人もいじめられる

- □ いじめを経験した人、苦しんだ人は、原因が決して自分の容姿だと思い込まない
- □ 悔しい、虚しい、悲しい、そんな気持ちを消化するために、今から楽しい毎日を

✓ 心を置き去りに綺麗になると

- □ 特別なエステや、特定のコスメがなくても、心身が健康なら肌は綺麗になる
- □ その人の肌をメインで作っているのは、その人の体の機能であることを理解する
- □ 美に対する極端な依存の原因は自分自身と向き合うことでしか、解決することはできない

第３章

無意識の刷り込みをリセットする

CHAPTER 3

RESETTING UNCONSCIOUS IMPRINTS

☑ 綺麗の基準は誰が決めている？
☑ メディアは作り物、リアルとは別
☑「痩せたら綺麗」「美人は二重」？
☑ 自分の個性を無視しないで

綺麗の基準はいつ、誰が決めたもの？　世の中の「美人の基準」に当てはまらない自分は、キレイじゃないの？　「あの人はあんなに綺麗なのに」「私なんて綺麗じゃない」。そんな時は、みんなが言う綺麗やほかの誰かとは一度距離を置いて、自分にフォーカスしてみることです。誰かがつくった「美の基準」に振り回されて、自分の魅力を無視してしまっていませんか？

綺麗の基準は誰が決めている？

社会がつくりあげる美の基準に当てはまらない自分は綺麗じゃない。私はずっとそんな考えに囚われていました。努力して、その基準に近づけたら自信が持てるはず。でも自分自身の自信や幸せは、他人や社会の価値観や基準の中にはありませんでした。

綺麗、美人、かわいい、かっこいい……。容姿を褒めたり、優れていることを表す言葉はたくさんありますよね。例えば辞書で「綺麗」をひくと、姿・顔かたちが整っていて美しいさま。「美人」をひくと人格、外見ともに優れている女性、とあります。何をもって整ってるのか、優れているのかまでは書いてなく、実は明確な定義はないようです。

「美」の基準は、結局は主観的なもので個人の好みによって異なります。だけど、辞書には載ってないけれど、なんとなく日本の社会一般に浸透している「美の定義・基準」みたいなものって存在していますよね。

社会がつくりあげる美の基準を「ビューティースタンダード」といいます。今の日本だと、例えば「顔が小さい」「足が長い」「痩せている」「きめ細かくシミや毛穴のない白い肌」「ぱっちり二重」「鼻筋がシュッとしてる」「艶のあるサラサラの髪」などの外見的な特徴です。**このビューティースタンダードは国や文化によってもかなり変わります。**

自分がいかに限られた世界の価値観で生きているかは、「限られた世界」を出てみないとわかりませんし、その世界の中で生きている限りはそこでの価値観や体験が全てになりがちです。私は日本語しか話せず日本にしか住んだことはありませんが、SNS、ネット、書籍などを通じて、今ここにいながら限られた世界の外の一部を知ることはできます。同じ日本人でも、コミュニティが変われば価値観や雰囲気もガラッと変わります。

美の基準は国や地域、文化、そして時代の変化によって変わっていきます。はっきりとそこにあるようで、実は曖昧で変化もします。自分が生まれた国の美の基準や、そのとき流行ってる美の基準に自分が当てはまるかなんて、運でしかありません。そんなものに人生を振り回されたり、世界で一人しかいない貴重な自分が自分らしさをなくして生きるなんて、もったいないなと思うのは私だけでしょうか。

かくいう私も、30歳前後の頃、結婚すると思っていた彼と別れて妙に焦ってしまい、モテたくて「男性受けする綺麗」を必死に追求していた時期がありました。でも、一生懸命モテる女の子の皮をかぶっても、結局何も得られませんでした。自分じゃない誰かになろうとしたり、他の誰かを演じても「私」は幸せにはなれないものだと実感した経験でした。

社会に押し付けられた「綺麗」「モテ」「美人」「女らしさ」みたいな価値観は、その価値観自体を否定する必要はなくても、自分とは切り離さないと、大抵の場合、生きるのが苦しくなってしまいます。日本のビューティースタンダードに自分が乗っかってなくても、それは自分の見た目が悪いとか、魅力がないってことにはなりません。

私たちは生まれてから、死ぬまでずっと一緒に生きていくのは親でも、兄弟でも、恋人でも、夫婦でもなく、自分自身。あなたの人生を、誰かの評価のためだけに生きないでほしい。他の誰かのようになるために生きないでほしい。

綺麗の定義は、自分で決めていいんです。それを人に押し付けなければ、批判されることもありません。自分が輝けるステージに立てばいい。

世の中のビューティースタンダードをなくすのは難しくても、自分だけのビューティースタンダードをつくるのはきっとそんなに難しくないはずです。

世界で
たったひとりの
あなたに。
あなたは
美しい。

メディアは作りもの、リアルとは別

MEDIA IS ARTIFICIAL AND DIFFERENT FROM REALITY

モデルや女優などメディアを通して目にする憧れの世界、美しい容姿の人たちと自分を比べて落ち込んだり、ため息がでたり。誰しも経験があるのではないでしょうか。人が美しい人に惹かれるのは自然なことで、そこを目指して自分を磨くのも素敵なことです。でも「作りものの世界」とリアルの区別は必要です。

エステサロンでお客様と接していると「韓国のアイドルみたいになりたい」、「毛穴一つないマネキンみたいな肌になりたい」などの要望を聞くことがあります。もちろん、お客様のお肌を綺麗にするのが仕事のエステティシャン業。要望に沿ってケアをしていきます。それでも実際問題、生身の人間を「マネキン」のようにはできませんし、皮膚の構造上「毛穴の目立たない肌」、「毛穴レスに見える肌」はできても「毛穴をなくす」

はできません。肌を綺麗にした上で、メイクで演出はできても、すっぴんの状態で陶器やマネキンみたいな肌は理論上、不自然で不健全です。

私たちは普段、化粧品やクリニックの広告やTV、雑誌、SNSの発信など様々な情報に触れています。とくに美意識の高い方はロールモデルや理想の姿を探すように自ら情報の海に飛び込んでいる人も多いでしょう。

でも、そういったものは「作られた作品である」ということを頭の片隅に置いておいてほしいのです。私たちがメディアを通じて見る美女たちも「寝起きからあの完成された状態」ではないのです。

「容姿や美しさが仕事の一部である人たちが、一流のヘアメイクアップアーティスト、スタイリスト、カメラマン、照明などその道のプロたちによってその姿を演出された上、プロの写真加工技術で仕上げされた状態」を、私たちは見ています。時間と手間、プロの技術の総力戦でつくられた、いわば作品です。寝起きの自分と比べるものではありません。逆にいうと、モデルでも女優でもない一般の私たちでもプロの手を借りれば、かなり美しく演出してもらえるでしょう。

以前、ニュースで「二次元（アニメ）ばかり見ていたら、現実の女性が醜く感じられ受け入れられなくなった」という男性の話が紹介されていました。私はそれを聞いたときに「これ、むかしの私だ」と、ハッとしたことを思いました。特別美しく、アラのない「作品」を見続けていたら、生身の人間をみて「ギョッとする」のは、ある種当然といえるのかもしれません。ただ、私たちが生活しているのは、紙面やモニター上ではなく、ここ三次元の世界です。二次元の世界を技術によって「体感」することはできても、私もあなたも日々暮らしているのは、この世界なんです。

今はＳＮＳで一般の私たちでも簡単に写真や動画を加工できるようになりました。モチベーションをあげるために使えればそれも楽しくていいけれど、現実と加工の区別がつかなくなったり、加工がないと自分の姿が残念に思えたら。そして心の健康が蝕まれてしまうくらいなら、一度距離をとったほうがいいと思います。

演出された世界観に憧れるのは自然ですし、そこに映し出された人たちが魅力的に見えることに変わりはないです。もちろん憧れてもいいし、そこを目指して自分を磨く努力をするのも素敵なことです。でも、それでもやっぱり「これはプロの演出や技術で作られた作品である」という認識を持っておいた方がいいと思うのです。

自分と誰かや何かと比べて落ち込んだり、生身の自分を受け入れられないと思えたら危険信号です。ちゃんとリアルな自分を見つめた上で自分を磨いていきましょう。

「容姿や美しさ」で世に出る人は、
プロが力を尽くした「創造物」で「作品」です

痩せたら綺麗、美人は二重？

美の多様性といいながら、痩せたら綺麗、美人は二重。などの価値観は根強く残っています。残るどころかそれが正義で、そうじゃないのが悪かのように、以前よりも感じられるのは私だけではないはず。この社会でどう自分の見た目と向き合っていきますか。

以前、インフルエンサーやアイドルなど芸能系の仕事をしている10代後半から20代半ばまでの若い女の子たちに向けたスキンケア講座の講師を依頼されたことがありました。みんな「見た目を仕事の一部」としている女の子たちだけあって、可愛い子ばかりでした。彼女たちのお肌や顔をみて、ふと気がついたのが「全員二重」だったということ。数十人いるうちの全員です。ちなみに日本人は、一重まぶたの人が7割、二重まぶたの人が3割くらいと言われています。

休憩時間にはメイクやダイエット方法など美容の話と「どこの先生は二重幅の手術が上手い」「こんど糸リフトやるんだ」といったプチ整形に関する話題が飛び交っていました。普段は一般女性を接客している私には、少し特殊な世界に感じられましたし、世代感のギャップも感じました。

とある参加者の子が「あさみ先生は奥二重だよね。なんで二重にしないの？」なんて聞かれて私はタジタジ。「私、自分の奥二重ってわりと気に入ってるんですよ」といったときに、眉間にシワを寄せてドン引きしていた子がいたことを思い出します。

きっとお互いに「これほどまでに美的感覚が違うとは」と思ったことでしょう。

これは勝手な想像ですが、もしかしたら彼女から見た私は「美容の仕事をしているくせに、綺麗になることに妥協した努力不足な人」に映ったのかもしれません。二重こそ正義であるという価値観に照らし合わせるとそう捉える気持ちも理解できます。

どちらが正解、ではなくて、単純に美的感覚や当たり前が違う世界にいるだけの話です。

このときの経験は、私が思っているよりも整形は特別なことではなくカジュアルになり、仕事や周りに評価される顔、自分の美的感覚でなりたい顔にするために整形するのが当たり前の社会になったんだなと実感した出来事でした。

目が悪い人がメガネやコンタクトをしたりレーシックをする、歯並びの悪い人が歯列矯正をする。それと同じような感覚で、二重整形をしたり、年齢とともにできたシワや、衰えて凹みが出た場所にヒアルロン酸など注入をして若々しさをキープしたり、顔に「テコ入れ」をしていく時代。

個人個人が、自分の責任の上で美容整形やケアの決断をすることに対しては否定しませんし、自分の顔や姿に責任をもつこと、より良い自分になるために行動することは素敵なことです。誰に何を言われようと、全て背負ってその姿で生きていくのは他の誰でもなく自分です。ただ、表面的な部分だけが広がって「二重は治すべきもの」「年齢による変化は補うべきもの」という価値観には私はNOと言います。

自分の望む見た目を作りやすくなったという希望が増えた一方で「綺麗じゃないといけない」「〇〇じゃないとダメ」という他者からの目や窮屈さも感じる時代です。美の多様性とか言いながら、全然多様性のない時代でどう生きていくのか、自分の見た目とどう向き合っていくのか、時間をかけて考えていく必要があります。

そんな私も、若い頃、実は二重にしたくて友人に相談したことがあります。「そのスッキリしたきつめの目があんたって感じやのに。あんたの顔にぱっちり二重、たぶん似合わんで」ってハッキリ言ってくれたのです。慰めだと感じた反面、嬉しい気持ちもありました。そのままの自分を受け入れてくれる人がいる。私の価値観を変えてくれたのは、大事な友人の一言だったのです。

美の価値観は人それぞれです。
これが正解、というものは存在しません

自分の個性を無視しないで

ないものねだりを人はするものです。どうしても人の長所に目が行きがちですが、あなたが「欠点」や「ひけめ」に感じていることを、羨む人もいます。あなたの個性を客観的に見つめ直し、それを磨くことであなただけの美しさは磨かれます。

物心ついたときから、多くの人は自分と他人を比較して生きてきています。あの子は私より足が速いし勉強ができる、あの子は可愛い、あの子の方がお金持ち……。

他人と比べる際、大抵の場合自分よりも多く持っている、優れていると感じる人と比べるものです。比べることで嫉妬心を持ったり、相手に敵対心を抱いたり、「持っていない・劣っている自分」に劣等感や悲しい気持ちになったりします。

その気持ちを向上心や自分の努力や成長に繋げられればいいですが、そうじゃないと苦しい気持ちになるものです。

男性と女性でも違うかもしれませんが、女性の場合は大抵の場合、背が低い人は高い人に憧れるし、背が高い人は背の低い人を羨みます。

痩せたい！と思っている人は細身の人に憧れるけれど、太れない細身の人も悩みや苦労があります。「食べたら太る」ことを羨ましいと思っている人もいるんです。

逆側の人からすると、嫌味に感じられるかもしれませんが、どちらにも他者を羨む感情は湧きますし、苦労や願望はあるものです。

例えば、私は、１６６センチと背が高めで、肩幅・腰幅があり、いわゆる「ガタイが良い」系の体型をしています。学生時代、野球をしていた頃は体重65キロほどで、かなり大きめで父に「おい、どすこい」なんて呼ばれたり、20歳になっても男性に間違われたりしていました。

そんな私だからか、背が小さく、華奢で、か弱い感じの可愛い女性にすごく憧れがありました。かっこいいでも、綺麗でもなく「可愛い」って言われたかったんです。パステルカラーの可愛い色、ふんわりフレアのスカートなど可愛い服を着て、メイクも可愛い系を意識するものの、その努力は虚しく、仲の良い友人にはバッサリと「似合わない」と言われ、当時付き合っていたパートナーには「麻美はカッコいい系が似合うよ」と言われる始末。

もちろん、似合わなくても好きな服を着て好きなメイクをするのが一番です。だけど、当時の私は実のところ「その可愛いテイストが好きだからそうしていた」ではなく「自分ではない可愛い女の子になりたい」「可愛い服を着たら可愛いに近づけるはずだ」と思っていました。自分の魅力を無視して、他の誰かになろうとしていました。

その後、パーソナルカラーや骨格診断を受けると、私がしていたメイクやファッションは「似合う・魅力が引き立つ」と対極にあることがわかりました。

もちろん、それでもそのファッションが好きなら続けていたし、今でもたまにフレアスカートや可愛い色も着たりします。でも前のように「可愛いって言って！」みたいな気持ちはなくなりました。

「自分に似合う」ものがしっくりくるようになり、前ほど可愛い服を着たいと思わなくなりました。自分の魅力が引き立つと思える＋着心地がいい服が判断基準になっています。

バラが「本当はあじさいになりたかった」と言っても無理があります。バラにはバラ、あじさいにはあじさいの美しさがあります。そして人にもそれぞれの個性があります。それを活かすことで、あなたの魅力は引き立ちます。

他の誰かになるための努力よりも、
「最高の自分になる」ため、が良い努力です

CHECKLIST

第3章

無意識の刷り込みをリセットする

✓ 綺麗の基準は誰が決めている？

- [ ] ビューティースタンダードは国や文化、時代によってかなり変わることを理解する
- [ ] 自分でない誰かになろうとしたり、他の誰かを演じても「私」は幸せにはなれない
- [ ] 綺麗の定義は、自分で決めていいもの。自分が輝けるステージに立てばいい

✓ メディアは作り物、リアルとは別

- [ ] 私たちがメディアを通じて見る美女も「寝起きからあの完成された状態」ではない
- [ ] メディアに出ている美女は時間と手間、プロの技術の総力で作られた作品

✓「痩せたら綺麗」「美人は二重」？

- □ 私たちはみんな美的感覚や当たり前が違う世界にいる。そこに正解はない
- □ 多様性、と言いながら、多様性のない美の価値観に縛られていないか見直してみる

✓ 自分の個性を無視しないで

- □ 劣等感や悲しみは外に向けず、向上心や自分の努力や成長に繋げられればいい
- □ その人に似合ったパーソナルカラーや、骨格診断で「似合う」「魅力が引き立つ」こともある
- □ バラにはバラ、あじさいにはあじさいの美しさがあるように、それは人も同じ

第4章

思い込みのリセット方法

CHAPTER 4

HOW TO RESET YOUR MINDSET

☑ 自分を客観視する
☑ 欠点はチャームポイント
☑ あなたはショーをどう見ますか？
☑ 「ブス」「デブ」いつまで信じる？
☑ 美容は楽しく、心地よく

子供時代に誰かに言われた「デブ」「ブス」などの心無い一言を、自分にとって強固な真実にしてしまっていませんか？　容姿のことに限らず「自分は○○である」という思い込みは、真実じゃないことも多いのです。誰かに何か嫌味を言われても、それを自分の中で繰り返して呪いのように言い聞かせてしまうことがないように。自分の心を自分がしっかり守ってあげるためにできることがあるはずです。

自分を客観視する

人は子供時代に言われた言葉や、過去の経験から自分で思い込みを作ってそのフィルターを通して自分を見てしまいがちです。特に容姿にコンプレックスがあったり、見た目に悩みを抱えている人の多くが当てはまることだと思います。これをリセットできると、見えなかった自分の長所や魅力が見えてくるかもしれません。

人は誰しも思い込みを持っています。子供の頃に言われた一言や、思春期に経験したこと、自分でつくってしまった思い込み。特に人間関係が狭かったり、所属するコミュニティが少ない人は思い込みに気が付く機会も少なくなりがちです。

例えば私は学生時代、自分は歌が下手だと思っていました。友人とカラオケに行くと周りの歌唱力の高さに圧倒されて歌う気にすらなれなかったんです。自分よりも上手い人ばかりで、自分は歌が下手というレッテルを自分で貼っていました。

社会人になり、会社の人からの誘いを断れずにカラオケに行った際、驚いたことにメンバー全員が特段歌がうまいわけではなく、あまり自分と変わらないことに気づきました。

自分の学生時代の友人たちが異常に歌がうまい人ばかりの集まりだったのだと、その時に思い出しました。私は学生時代、周りに沖縄アクターズスクールの子が多かったからです。歌やダンスの表現を毎日学びステージに立つ人たち、歌手デビューするような子も周りにいる環境です。そんな子たちとカラオケに行っていたわけですから、比べてしまえば自分が下手なのは当然です。でも、学生時代にカラオケに行くメンバーはみんなその調子ですから、社会人になるまで「自分の歌唱力は下手じゃない、ふつう」であることに全く気が付きませんでした。

このように客観視してみると「自分の思い込み」と「事実」は違うケースはたくさんあります。容姿に関しても、自分の思い込みと事実が違うケースはいくらでもあります。「私は太ってる」という女性のなかには、普通体型もしくは痩せ型の人も少なくありません。自分の欠点、見た目コンプレックスの多くは自分の思い込みによってつくられていて、事実と異なることもあるのです。

思い込みフィルターを通して自分を見ていたり、コンプレックスや自分の悪いと思えるところにフォーカスして、良いところや他が見えていない状態。この状態になると何をやってもダメ、自分の悪いところばかり目についてしまいます。

そんな時は自分を磨こうとするよりも、まずは一旦、自分を外から見てみてください。

といっても幽体離脱できるわけではないので、客観視を意識してみてください。顔や体型など、見た目にコンプレックスがあるなら一度、鏡と自分の距離をあけて「引き」で見てみる必要があります。

信頼できる人に聞いてみるのもいいでしょう。「私は太っている」といった体型なら、健康診断の数値をみたりお医者さんに聞いたり「本当に太ってるのか？」自分の感情を一度おいて、「事実」を調べてみてもいいかもしれません。パーソナルカラーや骨格診断を受けると、理論的に自分の見た目の長所を知ることもできます。

不安や自信のなさなどの感情や、誰かに「デブって言われた」など人からの評価や思い込みフィルターを通した自分の姿と、他人からの客観的な視点で見た自分には差があることがほとんどです。客観的な視点を持つことができると、自分では気が付かない自分の魅力を再発見することもあります。

自分にとっての当たり前や欠点が、人にとっては魅力に映ることも少なくないのですから。

COLUMN｜自信のなさは運動不足の表れかも

「ホルモン」も自分の自信や自分の見た目をどう捉えるのかに大きく関わります。例えば、テストステロンという男性ホルモンが多いと、自分に自信を持ちやすく、逆に少ないと自分に自信をもちにくくなると言われています。このホルモンは筋肉トレーニングをすると増えます。また、運動不足になると成長ホルモンの分泌が減り「うつ状態」になりやすくなる、などのこともわかっています。自分の見た目が悪く思えて仕方ない、自信が持てない原因のひとつには運動不足が潜んでいるかもしれません。

欠点はチャームポイント

自分で思う自分の欠点は、他者からみると魅力的な長所になることも少なくありません。欠点を補う、克服する努力をするのももちろん素晴らしいことだけど、いっそ開き直って視点を変えて長所に変えて磨いてしまう、そんな考え方もいいと思いませんか？

日本人は謙虚な国民性だと言われていますよね。短所や欠点を挙げてください、と言えば多くの人は自分の欠点を出せますが、自分の美点や長所を挙げて、というとなかなか言いづらい、もしくは出てこないという人が多いかもしれません。

私自身も、欠点や短所が多い人間で容姿も、中身も欠点だらけです。だけど今は、そんな自分もまあ悪くないかな、それも私の個性だよねって思えます。でも最初からそう思えたわけではありません。10代20代と顔も身体も中身もコンプレックスだらけで自信がなかった私は、自分の欠点にあらがおうと必死でした。

私は容姿であれ、勉強や運動、仕事、人間関係を構築するためのコミュニケーションなどの能力であれ、欠点や短所との向き合い方は3パターンあると思っています。

1　克服するために努力・工夫すること
2　短所や欠点の裏側にある長所や個性を伸ばすこと
3　認めて受け入れること

変えられることは1の努力や行動、工夫で埋めていく。例えば身長は大人になれば変えられませんが、背を高く見せる工夫はできます。背筋を常に伸ばす、ファッション、髪型で縦のラインを意識して見せる、ヒールを履くなどです。でも、そもそも背が低いというのは、本当は欠点ではありません。2の短所や欠点だと思っている部分は捉え方を変えれば長所や個性にもなります。背が小さい人にしか似合わないファッションを楽しんだり、自分の持っている魅力を伸ばしてあげることもできます。

内面でいうと、例えば私は学生時代ずっと「続かない」「すぐ飽きる」というのが欠点でした。裏を返せば「続かない、すぐ飽きる」分、どんどん新しいことに挑戦できるという長所を持っていましたし、興味を持てればどこまでもマニアックに突き詰められます。だからこそ、エステの仕事と出会ってからはたくさん勉強をして、今はエステ講師として技術や知識を教えたり、美容の本を書くまでになりました。

容姿面では、背が高く肩幅の広い私が可愛いふんわりしたスカートを履くよりも、パンツでバシッとした服装の方が他者から見た時にきっとしっくりくるはずです。もちろん、好きならふんわりスカートも、工夫して似合わせることはできるかもしれませんが、私の思う欠点は個性になります。

人が思っている欠点や短所は、角度を変えれば長所にも、チャームポイントにもなります。自分ではそうは思えなくても、人から見た時に、必ず「良い」部分になりえます。

そして最後の3の「認めて受け入れること」が一番重要だと私は思っています。3は自分が個人として生きる上で一番大事な要素です。何かすごいことができるから、容姿がいいから、優秀だから、努力できるから、そういった条件があった上で自分を認めるのではなくて、ただもうありのままの自分を認めて、受け入れること。

努力しなくていいとか、他人にありのままの自分を受け入れてもらおう、ということではなくて、自分自身に対して、今まで自分なりに一生懸命生きてきたし、その結果今の自分がいるってこと。素敵じゃなくても、かっこよくなくても、失敗だらけでも、自分は自分です。少し肩に入った力を抜いたような気持ちで、いいとか悪いとかジャッジせずに「これが今の自分なんだ」ってただ思っている状態。これがベースにあると、無駄に苦しい気持ちになることなく、生きていけるように思えませんか。

欠点や短所は、角度を変えれば長所にも、チャームポイントにもなります

あなたはショーをどう見ますか？

容姿の良し悪しで人の価値は決まらないし、人生は決まらない。でも、容姿の良さが人間の持っている個性の一つであることに変わりありません。では、あなたはショーなどのきらびやかで華やかな、非日常的な世界をどのように見ていますか？

アメリカの下着ブランドのヴィクトリアズ・シークレットをご存知でしょうか？　絵に描いたような8頭身のスーパーモデルたちがキラキラした下着、背中から巨大な羽を生やしたファッションでランウェイを歩くショーが恒例でした。しかし「女性蔑視」「性被害やセクシャルハラスメントに対する運動の広がり、モデルの扱いに対しての疑問などからショーがなくなりました。

もちろん、モデルに対するハラスメントなどの問題はあってはならないし、健康を害すようなダイエットや無理な体調管理をしていたり、それを強要するようなことがあるなら問題です。ですが類稀なる「スタイル」という才能を持って生まれた人たちが、その才能を活かす場はあっていいとも思うのです。背中に羽を生やしたり、全く実用性のないキラキラのついた派手な下着と異次元のスタイルのモデルたちは、エンタメとして素晴らしかったし、やっぱり派手で煌《きら》びやかで非日常だからこそ、ワクワクした気持ちになるものです。

容姿に関わらず、他人を自分の価値観でジャッジしたり批評するのは失礼なことです。一部の能力でその人の価値が決まるなんてことはなく、それは容姿も同じです。容姿がいいからその人に価値があるとか、容姿がイマイチだからその人に価値がないとか、そんなことはありません。

ただ、私はルッキズム（外見至上主義）は嫌いですが、ルッキズムを持ち出して容姿（才能・努力）でチャンスを掴もうとする人たちを排除する動きも嫌いです。

容姿は個性の一つ、能力の一つですからそれは堂々と活かしていい。磨きたい人は磨いたらいい。それを見て幸せな気持ちになったり、楽しい気持ちになったりする人はたくさんいます。

私はあのショーに出ているモデルたちはアスリートと同じだと思っています。特別なスタイルという才能を持って生まれて、それを極限まで磨いている人たち。私がどんなに努力しても大谷翔平さんのような150キロ超えの投球ができないのと一緒で、8頭身のモデルにはなれません。でもいいんです、150キロ投げれないから人生終わり、なんて思ってませんし、8頭身じゃなくても私は私。自分は自分なりの努力をして能力を磨いたらいいし、楽しく心地よく生きていけばいいのだから。

日本ではだいぶ前に、攻撃的なゲームをしすぎると攻撃的な人間になる、ゲーム依存になる、みたいな議論がされていました。それはもちろん小さい子供に過激なものは精神的な影響があるかもしれないけど、ある程度大きくなったら現実とエンタメの世界の区別はつくはずです。

私たちも、エンタメと現実の差を区別して楽しんだらいいと思っています。どんなに努力をしてもなれないものはなれないし、きらびやかな世界に生きるモデルたちがあなたになれないのも、それは同じことです。

「こんな世界もあるんだ。すごいな」と思える心の余裕を持ちたいものです。綺麗や華やかなもの、美しいものを「綺麗」と感じる感性は、実はとても大切です。自分の心身が充実していないときに、綺麗なものを見てもまばゆさのあまり、目を背けたくなる経験はありませんか？

ショーなどの華やかな世界を見て「私はあんなふうになれない」なんて落ち込んでしまったり、疲れてしまうのなら、それはそこから一度、距離をおくべきですよ。

モデルさんたちは一流アスリートと同じ。
自分は自分の能力を磨きましょう

「デブ」「ブス」いつまで信じる？

過去に言われたネガティブな評価や言葉が、心に突き刺さって「自分の中での真実」になってしまう。そんな経験をしたことがある人が多いはず。人の言動を拡大解釈したり、余計な意味づけをして、さらに苦しんでしまうことはやめてしまいましょう。

過去に人から投げつけられた言葉がずっと心に残ってしまい、強固な思い込みになる、というのは誰にでも起こることです。

私自身も、容姿に対して言われた言葉で「ブス」「デブ」「足がゴリラみたい（毛深かかったんで）」、炎症ニキビが多くできていた頃に言われた「顔が気持ち悪い」「赤鬼みたい」「顔洗ってないの？」など嫌な言葉を投げつけられて、心に染みつき、それが真実だと思い込んでしまった経験が多々あります。

言われた言葉を、自分の頭の中で何度も思い出しては呪いの言葉のように繰り返し、まるでそれが真実、世間の常識、周りみんなにそう思われているのだと、思い込むようなこともありました。

人に投げつけられた言葉は、一度心に刺さってしまうとなかなか忘れたり、なかったことにできません。

でも、その言葉をどう処理するかは、本当は自分で決められます。いつまでその言葉を大事に持っているのか、心に刺さったまま影響され続けるのか、棘を抜いてポイっと捨ててしまうのかは自分で決められます。

過去に言われた言葉、過去にあった出来事は変えられないけれど、現在をどう生きるかは自分次第です。私たちが直接、今すぐに変えられるのは「今」だけ、自分だけです。

私のことをブスだといった人の美的感覚を変えることは私にはできません。その人の美的感覚では私はブスなのでしょう。かといって、私までその人と同じ美的感覚になる必要もないのです。言われた言葉や、過去の経験で、いつまでも自分を縛る必要はありません。「あの人にとって私はブスなんだって、ハア、そうですか」で終わりでいいんです。仮にその人にとってはそれが真実であっても、自分にとっての真実にする必要はないのです。

幼少期の言われたことは自分の中で真実になりやすく、親や先生など子供からしたら完璧に見える人たちの一言は「真実」のように思えます。でも、自分の中にある自分へのイメージを一度疑ってみてください。

仮にあなたが人にブスと言われたとして、ここで事実は「○○さんがあなたにブスと言った」ということだけです。だけど、それをあなたが私はブスなんだ、と思い込み、思い出しては記憶を反芻して「自分はブスなのだ」と思い込んだとしたら、そこでは、あなたをブスだと判断しているのはあなた自身です。

私たちは、「一つの出来事」にいろんな意味づけをしがちです。事実は「私にブスといった人が一人いた」ことなのに「他のみんながそう思ってるに違いない」「私はブスなんだ」「だから彼氏ができないのかも」「あそこでヒソヒソ話してる人がいる、私をブスといってるに違いない」……。そうやって「一つの事実」を自分の思い込みで拡大解釈をしたり、意味づけをして、余計な苦しみや縛りを自分自身で作り出してしまうこともあります。

人には思考に癖があります。人に言われたことをそのまま受け取る人もいれば、裏の意味があるに違いないと想像力を膨らませる人もいます。何が正解、不正解ではなく、ただの癖です。思考の癖や、思い込みや縛りを自分で作っていないか、一度整理してみましょう。私はこの自分の思考や感情の癖やパターンに気がつけるようになって、だいぶ心の縛りが緩んできたのを感じています。

思考の癖や、思い込みや縛りをつくらずに
癖に気付いて心の縛りから自由に

美容は楽しく、心地よく

綺麗になれば自分の全ての悩みや苦しみが解決する、そんな風に考えていたら要注意。容姿を磨いて綺麗になったから解決することって、思ったほど多くありません。自分の見た目が問題、見た目さえ良くなれば問題が解決すると考えているなら、容姿を磨く前に自分の心と向きあう必要があるかもしれません。

見た目や容姿で悩んでいるから綺麗になりたい。そう願うのは当然のことで、もちろんそのために努力したり行動することは素敵なことです。だけど、綺麗になれば、自分の悩みや苦しみが解決するかというと、それはまた別の話。

実際には容姿が良くなったからという理由で解決することは、そこまで多くありません。自分の悪いところを探して気にする思考の癖を持っていれば、仮に整形をして気になる場所を変えても、別の気になるところを見つけます。際限なく整形を繰り返したり、延々とダイエットをして太ることに対して恐怖心を持ったり、自分に満足できない、悪いところに目がいきます。コップに穴が空いている状態で水を注いでもいっぱいになることがないように「心に穴が空いた状態」のまま努力や工夫をしても穴は永遠に埋まりません。

まず、心に空いている穴を埋めたほうが効率的です。自分にとっての穴が何かを探して向き合った方が整形にしても、ダイエットにしても、美容にしても、楽しく、前向きな気持ちで取り組めます。

私の周りでは整形をして後ろめたさを抱えたり、後悔してる人や、依存していく人、「やってよかった！」と満足している人……いろんなパターンの方がいます。以前は整形した先生の腕かなと思っていましたが、満足できるかどうか決め手は、結局は本人がそもそもどういう気持ちで取り組んだかが大きいように思えます。

綺麗になって人生が変わった、好転したという人の多くは綺麗になる行動の過程で「心の穴」が塞がれた人だと思います。これが心の穴がそのままの場合は、綺麗になって人に褒められていたり、自分でも満足する期間があったり一時的に「ハイ」になっている期間があっても必ず次の苦しみのフェーズがきます。ダイエットに成功して細くなって周りに褒められた、その結果自分に自信がもてるようになって、メイクやファッションを楽しめたり、性格まで明るくなり友達が増えた…といった場合も同じです。

その時に自分の価値や評価を他人に依存している状態で、心に穴が空いていれば必ず「足りない」「もっと」がやってきます。人からの見た目評価を自分の価値基準にすれば、行き詰まりが必ずやってきます。綺麗になって人生が変わったように思えても、もっと綺麗にならなくちゃ、太ったらまた元に戻ってしまう、今あるものを失ってしまうという考えに囚われていきます。

他人にいくらたくさんのいいね！をもらっても「自分が自分にいいね」をあげられなければ、心の穴は塞げません。

容姿は年齢とともに変わりますし、常に変化しています。1日の中でも朝と夜でも顔や身体は少し違ってます。普遍の美しさ、完璧な美しさなんてありません。人はみんな外見も中身も変化していきますし、状況や環境でも変化していきます。努力して頑張れる自分も、やる気が起きなくてダラダラしてる自分もどちらも自分。ダイエットして痩せてすっきりした見た目の自分も、ふっくらした見た目のときも自分は自分。

どんな自分も受け入れられる状態が最強です。受け入れた上で、よりよくしたい、自分を磨いたり、綺麗になる努力ができるとそれは明るく楽しい努力になりますが、素の自分を否定した上での努力は拷問のように苦しいものになってしまいます。

美容は楽しく、心地よく。自分を拷問して、いじめるようなことはしないでくださいね。

自分の価値や評価を他人に依存しない。
良いときも悪いときも、あなたはあなたです

CHECKLIST

第4章

×

思い込みのリセット方法

✓ 自分を客観視する

□ 「自分の思い込み」と「事実」は違うケースはたくさんあることを理解する

□ 自分にとっての当たり前や欠点が、人にとっては魅力に映ることも少なくない

✓ 欠点はチャームポイント

□ 欠点や短所との向き合い方は3つ。「努力・工夫」「裏側の個性や長所を伸ばす」。一番大切なのは「認めて受け入れる」

□ 素敵じゃなくても、かっこよくなくても、失敗だらけでも、あなたはあなたの価値がある

✓ あなたはショーをどう見ますか？

- □ ショーに出ているモデルたちはアスリートと同じ。身体的な才能を持ち、それをトレーニングした人
- □ 綺麗や華やかなもの、美しいものを「綺麗」と感じる感性は、実はとても大切。

✓「デブ」「ブス」いつまで信じる？

- □ 過去は変えられない。私たちが直接、今すぐに変えられるのは「今」だけ
- □ 思考や感情の癖やパターンに気がつけるようになると、心の縛りも緩む

✓ 美容は楽しく、心地よく

- □ 容姿が良くなったから解決することは、人生でそこまで多くはない
- □ 美容は拷問のような苦しいものじゃない。楽しく、心地よくが一番いい

第5章

人に影響されない自信の育て方

CHAPTER 5

HOW TO DEVELOP SELF-CONFIDENCE WITHOUT BEING INFLUENCED BY OTHERS

☑ 嫉妬との向き合い方
☑ 広告やSNSのプレッシャー
☑ 美の多様性との反比例
☑ マスクを外せない人たち
☑ 美容は結局、誰のため？
☑ 美容は「人生」を楽しむためのツール

SNSなどを通じて他人の情報を目にする機会が増えた現代だから、誰かがうらやましく思えたり嫉妬の感情に駆られることもありますよね。自分にはないものが目につくとそれも当たり前。だけどそんな時ほど、自分が持っているものを数えて幸せに気がついたり、自分の本音や願望に気がつくチャンスでもあります。嫉妬の感情を人への攻撃や自分へのマイナス感情で終わらせず、できることを探っていきませんか。

嫉妬との向き合い方

ねたみや嫉妬は誰にも起こる感情ですが、この気持ちの取り扱い方ひとつで、時に人生まで大きく変わります。人にその感情をぶつけたり、憎んだりする人になるのか、自分の願望に気がついて、成長や幸せに繋げていくのかは選ぶことができます。

誰にでも湧き上がったことがあるであろう、嫉妬やねたみの感情。辞書を引くと「妬《ねた》み」は「能力・容姿・立場などのあらゆる物事について、自分より優れている他人に対し、うらやましさのあまり憎く思ってしまう感情のこと」とあります。

私はかつて、学生時代にいたコミュニティの関連会社に流れで就職しました。ダンスやエンターテイメントのスクールです。私は事務や雑用の裏方でしたが、一緒に働いていたのは学生時代からの友人達であり、ダンスや歌を教えるプレイヤー兼インストラクター達でした。ルックスが良くて、性格も良くて、スクールの生徒さんに慕われ、生徒の親御さんからも感謝されて、好きな歌やダンスを教えながら楽しそうに働いている友人達に、いつしか妬みの感情を抱くようになりました。

そのことを自覚していなかった私は、いつも仕事でピリピリ、イライラ。いつの間にか仲間だと思っている友人達に対してもそのイライラをぶつけるようになっていました。「私はこんなに、誰もやりたがらない仕事を必死にやっているのに、周りはヘラヘラ呑気に笑ってる」ように見えるようになっていました。

そんなある日、スタジオの鏡に映った自分の顔に驚きました。眉間にシワを寄せて、不機嫌で意地悪そうな自分の顔……。

そのときの自分を振り返ると「自分の人生を生きてなかった」に尽きると思います。学生時代からの延長でなんとなく流れで就職し、「やりたいこと」「自分で選んだこと」、といった自分主体ではなく、他者（上司）に求められる役割をうまくこなすことだけに必死で、本当はやりたくないことを我慢して頑張る日々の中で自分を見失っていました。自分の好き、心地よさ、自分が楽しいと思えること…「自分」を置き去りにしていたのです。だから、好きなことを楽しそうに頑張っている友人達が本音では羨ましかった。本当は私も彼らのように好きなことを仕事にして生きたいのに、目の前の仕事で精一杯、自分の好きなこともどんな仕事や働き方をしたいか、自分でわからない自分への苛立ちもあったように思えます。

嫉妬の感情は主に恋愛などで、相手の愛情が他に向けられるのを憎むことだと辞書には書いてあります。だけど、自分の関心が他者にいってる状態も、自分の中の自分が、その他者に嫉妬するんですよね。他人じゃなくてちゃんと私を見て、って。

自分が感じた感情に間違いはないので、嫉妬はみにくい、悪い感情…などと自分を責めたりせずにちゃんと「そう感じている」ことを自覚してあげてください。

妬みの感情を感じたら、認めた後にどうするかは自分で選択できます。多くの場合、妬みの感情の裏側には「私も本当はそれがほしい、やりたい、叶えたい」が潜んでいます。言い換えれば、自分より持っている人と比べるのは向上心の表れでもありますし、手に入らないと思ってるもの、興味のないものを羨ましいとは思えません。

前述の私の例なら、「好きなことを仕事にしたい」「楽しく働きたい」「人に感謝されたい」「ルックスの良さが羨ましい」という気持ちが織り混ざっていました。どの部分に嫉妬心を感じるのか分解していき、それが手に入るものなのか、入らないものなのか考えていきました。

努力や行動で手に入るものや近づけるものなら、手に入れるための行動をすればいいし、自分の努力や工夫では手に入らないものであれば違う幸せを感じられるように、自分にとって何が大事なのかを考えてそこに集中していけばいいんです。

「羨ましい」の感情は、自分の向上心につながり、努力や行動、そして人としての成長のきっかけになります。「見返してやる」とか「相手よりも多く得て勝ちたい」という気持ちは瞬間最大風速的な爆発力はあってもなかなか持続はしません。結局は「他者」を見ていて、自分に矢印が向いていない状態です。

　妬みの感情を感じたら否定せずに素直に認めて自分の幸せの材料にしていきましょう。

広告やSNSのプレッシャー

インターネットが世に普及してから、というものの私たちは日々、広告やSNSのプレッシャーに悩まされます。時にそれは有益な情報となりますが、それは大抵あなたに必要のない「ノイズ」です。情報は自分で選択してくださいね。

何気なく、YouTubeなどの動画やWEBサイトをみていると「好きだった彼に振られたけど、ダイエットしたら付き合えた」「産後シミができて肌が汚くなりパートナーに女性として見られなくなり、浮気された」「ムダ毛のせいで彼にドン引きされた」など体系や見た目のせいで「不幸になる」「男性に見向きもされない」「価値がない」などのメッセージ性を含んだ広告が出てくることがあります。

ある時には美容クリニックの10代の子に向けた二重整形の広告が物議を醸し出したり

もしました。広告主側にコンプレックスを助長する意図はないにしても、やはり10代の子達がこの広告をみて「二重こそ可愛い」「二重じゃなきゃ、整形しなきゃ美しくない」と受け取っても不思議ではないと思うのです。

SNSを覗けば「1ヵ月で3キロ痩せる方法」など……誰もが発信できる時代になったからこそ、キャッチーな言葉や煽り言葉、分かりやすく目立つビフォーアフター写真などが並びます。

極端でインパクトのある発信でないと見てもらえない、という事業者や発信者の気持ちも私は痛いほどわかります。自分の抱えている悩みや問題を解決したい人がいて、そういった人の役に立ちたいと思い、心を尽くし一生懸命な人も多いので一概に発信がよくない！とも思いません。ただし、広告を出している企業、SNSで不安をあおるような発信からは心を自衛しないといけません。また、そういった発信は、今のあなたの姿を見て言っているわけではありません。

コンプレックスを過度に煽るものは規制されていくべきです。近年は規制が強化される傾向にありますが、世の中が少しづつ変わっていく期待もありつつ、社会が変わっていくまでには時間がかかります。

今すぐ私たちができることは、情報を遮断したり、欲しくない情報を意識的に避けていくことです。広告設定をする、ＳＮＳを見ない、など情報過多な今の社会では外からの情報を減らすこと、情報を選び、排除することも現代社会では必要です。

２０１７年にユニリーバが世界14カ国で10代に向けて実施した調査で、容姿に「自信がない」と答えた割合は、日本が93％で他の国と比べても最多でした。それほどまでに日本の若い女性は自分に自信がないのかと、悲しい気持ちになりました。ほとんどの女性が、「自分の容姿に自信がない」なんて、非常事態、とも言えます。

私はエステティシャンで、エステを教える講師で「お客様の容姿を整える要望を叶える」側です。だから、毛穴が気になるとか、シミやシワ、たるみをなんとかしたいお客様を綺麗にする、望む状態に導いていくための知識や技術を身につけてきましたし、それはこの先もずっと続けていきます。「美」を追求する仕事ではありますが、そもそも最初からみんな美しいのです。

お客様が自分のことを醜いって思っている状態はとても悲しいです。お肌も十人十色、その人の魅力も十人十色で、いいところがたくさんあるのに、いいところを見ていない方が非常に多く感じます。人と比較して自分の魅力に気が付かないなんて悲しいことです。

私が思っているのは「私はお客様の個性、いまの素晴らしさをもっと引き出せるように、お手伝いしますね」ということです。それが、お客様のコンプレックスや悩みの解消につながるのならば、何かを変えるきっかけの一つになり、笑顔が増えてくだされば、こんなに幸せなことはないと思っています。

SNSや広告に縛られていては重荷になります。
情報を手放すことも必要です

美の多様性との反比例

「美の多様性」は世界中のスタンダードです。でも、日本ではそれを受け入れられる人はまだまだ少ないように感じます。「周りからはみだしたくない」「こうあるべき」より「これもいい」「あれもいい」がちょうどよいと思いませんか？

もう5年以上前の話ですが、当時住んでいた家の近くによく行くカフェがありました。そこにものすごくお肌の綺麗な男性の店員がいました。嫌がられないかなと思いつつも、「お肌すごく綺麗ですね」と声をかけると喜んでくれて、お肌のケアにこだわりがあること、使っているスキンケアやメイクのことを色々と教えてくれました。

昭和生まれの私は「最近はりゅうちぇるとか、Ｍａｔｔとか、若い男の子もメイクしたり色んなファッションを楽しんでるんだな〜」くらいの認識でしたが、私は美容の話が好きなので、すごく参考になったし楽しい気持ちになりました。以前なら「男がメイクするなんて」という価値観が圧倒的でしたが、時代は変わりつつあるのを感じた出来事でした。

男性も脱毛をしたり、メイクを楽しんだりする時代。正直最初は抵抗がありましたが、今はもう普通ですよね。男性だからとか、女性だからとか関係なく、みんなそれぞれ自分を好きに表現する権利がありますし、美的感覚も様々です。色白で線の細い男性もいますし、女性で筋トレをして筋肉でがっちりとした人もいます。昔の「男らしさ」「女らしさ」なんて今はもう風化していっているように感じます。

みんな好きに自分を楽しんだらいい。そして「こうじゃなきゃいけない」が減っていけばいいと思います。

男らしく、女らしくが好きな人はそうしたらいいし、それに縛られている違和感を感じる人は、自分らしさを追求したらいい。男とは・女とはこうあるべき、学生らしく、母親らしく、など……「なになにらしく」という概念が減って、みんなが生きやすくなればいい。「私はわたし」「あなたはあなた」それでいいのだから。

男性もメイクや美容を楽しむようになり、プラスサイズ向けの雑誌ができたり、性別や体型に関わらず「みんな美しい」「色んな美しさがある」と言った「美の多様性」が広まった反面、まだまだ「美しさとはこれ」「こうあるべき」といった画一的な美しさに翻弄されているのも感じます。多くの人が二重になりたがり、ダイエットをして痩せたがり、シミや毛穴一つ許さない人形のような肌を追い求め、「綺麗じゃないと人生終わり」のような無言の圧力を感じている人も多い社会です。

画一的な美が幅を利かせているのは、もしかしたら日本が単一国家だからかもしれません。以前より増えたとはいえ、日本に住んでいるのは圧倒的に日本人が多く、もともとの人種の多様性がなく、島国の中で協調・和を重んじ、協力して生きてきた歴史があります。おそらく暗黙の了解、阿吽の呼吸、空気を読むと言った周りや人の感情や雰囲気を読みとる力や強調性は、日本人は世界でもトップクラスの能力者の集まりでしょう。でもその反面、多様性を受け入れる土壌がまだ育ちきっていないのかもしれません。

雑誌やWEBの美容記事を見ても「モテメイク」「流行りに乗り遅れないで」「老け見えしないファッション」「時代遅れメイクを回避」「老け見え・オバ見え」(おばさん見え)など……一般的な物差しがあって、そこからはみ出ないように。こうであるべき、みんなと同じように、から外れないようにするための他者目線の表現が多いですし、また、そういう情報につい目がいってしまいます。協調性が高く、よりよい自分でいたいという気持ちを持っている人が多いからこそ「やらなきゃ」「はみ出ないようにしなきゃ」

という息苦しさを感じる人も多いですよね。

美の多様性と反比例するように存在してる「こうあるべき」「これが綺麗である」という社会でも、「これもいい」「あれもいい」と色んな美しさが受け入れられるようになれば、先に紹介した「容姿に自信がない」世界ワースト１位から「私って、けっこういいよね」と思える人が増えるのではないでしょうか。

マスクを外せない人たち

マスクを外せない、素顔をみせたくないという心理状態には「自分の顔や感情を人に知られたくない」「ジャッジされたくない」という気持ちが隠れているようです。しかし顔をみせること、表情には人とコミュニケーションをとるうえで重要な役割をになっています。

マスクのことを「顔パンツ」と揶揄する言葉がありますね。マスクを外すのが、下着を脱ぐのと同じくらいの抵抗感がある、といったところでしょうか。

顔を隠すことで安心感を得られるのは多くの人がきっと共感できるところだと思います。私は中学生のころ、ニキビがひどく、細くてきつい目など自分の顔にコンプレックスを抱いていて、顔を隠したい・人に見られたくないという気持ちからなるべく前髪を伸ばし、うつむいて顔を隠すように日々過ごしていました。今思えば、うつむくくらいならマスクをしておけば良かったと思います。

コロナ禍で当たり前になったマスクを外せない、外したくないという人の中には、外したら相手にどう思われるか不安、顔を美化されているかも、顔にがっかりされたりブスって思われるかも、といった容姿をどうジャッジされるかへの不安や、人に表情をみられたくない、自分を隠したい気持ちがあると思います。対人場面での緊張しやすい人、外見への不安をもともと持っている人にとっては、マスクは味方になる側面もあります。

だけど私は「自分を隠すフィルター」や「自分を盛るフィルター」は少ない方が、自分らしく楽に生きられると思うのです。私自身は、人の魅力は「表情」から伝わる部分が多いと思っていますし、コミュニケーションを取る上で表情はとても大事なものだと思っています。マスクで自分がどんな感情であるかを隠せば、周囲が自分をジャッジする材料が減るので、人にどう思われるのかを不安が減ります。だけど自分は楽になる反面、相手には多少の不安を与えてしまうかもしれません。

以前コロナ禍で30名ほどの前で美容講座の講師をした際、受講生が全員マスクをしていました。もちろん感染対策のため必要だったのですが、表情が目もとしかわからない方々の前で講義をした際は、受講生の反応が全くわからず「楽しんでくれている？」「内容についてこれてるかな？」と不安でいっぱいになり、心が消耗するのを感じました。

コミュニケーションにおいて、相手からのリアクション、反応や感情が見えないというのはとても怖いことです。

マスクをしていると表情筋の活動量は1／4になるとのデータもありますが、まさにコロナ禍で私のエステサロンのお客様も口を揃えて「たるみが気になる」「顔がたるんだ気がする」との悩みをおっしゃっていました。お顔も筋肉で動くので、使わなければ当然衰えてしまいます。

表情で感情を表現するのはコミュニケーションにおいてとても重要です。

あなたが笑っているから相手も楽しくなるし、相手が笑ってあなたが楽しくなっていたら、とても幸せな気持ちになりませんか？

コミュニケーションってそれが醍醐味じゃないかなと思うのです。

だから私は接客の仕事、エステティシャンの仕事もエステ講師の仕事も、リモートよりもリアルが好きですし、友人とのコミュニケーションも電話やＬＩＮＥよりもリアルが好きです。関係性ができる前は不安や怖さもつきものですが、喜びや楽しさが大きく返ってくるのもリアルな場だったりします。

家族のような距離は難しくても、カッコ悪い自分やダメな自分…時には顔がパンパンにむくんでいたり、前日泣きすぎて目が腫れていたり「完璧じゃない、カッコ悪い自分」

の一部だけでも見せられる人が増えたら、気楽だし生きやすくなります。

人生には格好つけるべき場面や、いいところを見てほしい相手もいるし「かっこつけたモードの自分」も持っておきたいけれど、プライベートな日々の中では「かっこつけなくていい相手」が多い方が、自分らしく楽しく生きれるような気がします。

たいていの場合、自分が気にするほど、相手は気にしていません。鉄壁のメイクやマスクにサングラス、のような鉄壁の鎧をした状態でいるよりも「人にどう見られるか気になる自分」を手離して思いきってさらけ出していったほうが周りも安心します。

素顔をみせるのがすごく怖いときは、マスクを仮面として使うのもいい使い方。でも、ちょっと不安だな、くらいなら思い切って素顔を出した方があなたの魅力を知ってくれる人が増えるかもしれません。

美容は結局、誰のため？

美容って、誰のためにやっているのでしょうか？　見栄えを良くするため、人に良く思われたいから、でしょうか？　手間暇やお金をかけてどうしてこんなに苦しまないといけないの？　と苦しんでいるあなた。自分が心地良くいられる程度、で良いんですよ。

私は「綺麗になること」って、人生を豊かにすることだと思っています。私の祖母が晩年、病気が悪化し入院して、すっかりふけこんでしまった頃、それでも誰かが面会に来る時は口紅をさし、あっという間に表情までいきいきとして輝き活力を増していたのを鮮明におぼえています。スキンケアでもメイクでもファッションでも自分を「彩る」ことは、人に与える印象だけではなく自分自身のエネルギーを上げる行為なんだとそのパワーに驚きました。

私自身は若い頃「自分の容姿も、自分の中身も大嫌い」だったけどそこから少しずつ自分を取り戻せるようになったことも、美容のパワーであり「綺麗になること」の効果だったと思います。だからこそ、綺麗になりたい！という気持ちやそのための「美容」という行為そのものは肯定しています。

私は旅行が好きで、以前バリ島に行った時にすごく印象的だったことがありました。日本では都心を歩いてるとなんとなく人と視線がぶつかったり、服装をチェックされたり人の目を感じることが多かったし、自分自身も人のことを観察してしまいがちです。でもバリでは人通りの多い道を歩いていても、誰も私の服装を下から上までチェックなんてしないし、顔を見てすれ違いざまに点数をつけてくることもありません。インドネシアの人たちも、観光にきている欧米人もわりと好き勝手に過ごしていて心地よかったのですが、向こうでヨガレッスンを受けた時には、もっと衝撃を受けました。

そもそもヨガ初心者の私はポーズができるか不安で参加したのに「誰も見てないよ」と言わんばかりに、ヨガレッスンに参加している人たちが自由に過ごしていたのです。なんならヨガの先生のことすら気にしてないので、先生がポーズを取るように指示をしても、もうイビキを立てて寝ていたり、全然違うポーズを取っていたり、それぞれ自由に過ごしていました。みんなレッスン料金払ってこの空間にいるのに、先生の話をほぼ聞いてないという奔放さ。日本だったら非常識な空間だったけど、まあ先生も気にせずにゆったりやっていたので、もうあの空間はそれが調和された状態で完成されてるんだろうと解釈しました。

私は日本でヨガを始めた時、負けず嫌いがあだとなり、ヨガの心地よさをひとつも感じることができませんでした。ポーズを「見本通り」できないと悔しいし、体の使い方なんて二の次で、形だけ真似してしまうようなところがありました。周りに遅れを取っている「できない自分」になりたくない、周りから浮きたくない、という気持ちがどうしても先行して自分の心地よさに集中できませんでした。

「できないのが恥ずかしい」というのは、結局人の目を気にしているからで、バリで初めて「誰も私を気にしてない空間」「みんなが自分に集中している空間」の中で、自分の意識に集中できたような気がします。

「美」に関わらず、スタンダードにこだわりすぎてしまう人は意識的に自分の軸が他人になってないかを自問自答するようにすると楽になります。

これは、誰のためにやっているの？　誰のための時間？　誰のための選択？　自分のためです。人からの目よりも、評価よりも、「スタンダード」「周りと同じ」もしくは「周りよりも少し優れた自分」でいることよりも、自分の心地よさを追求した方

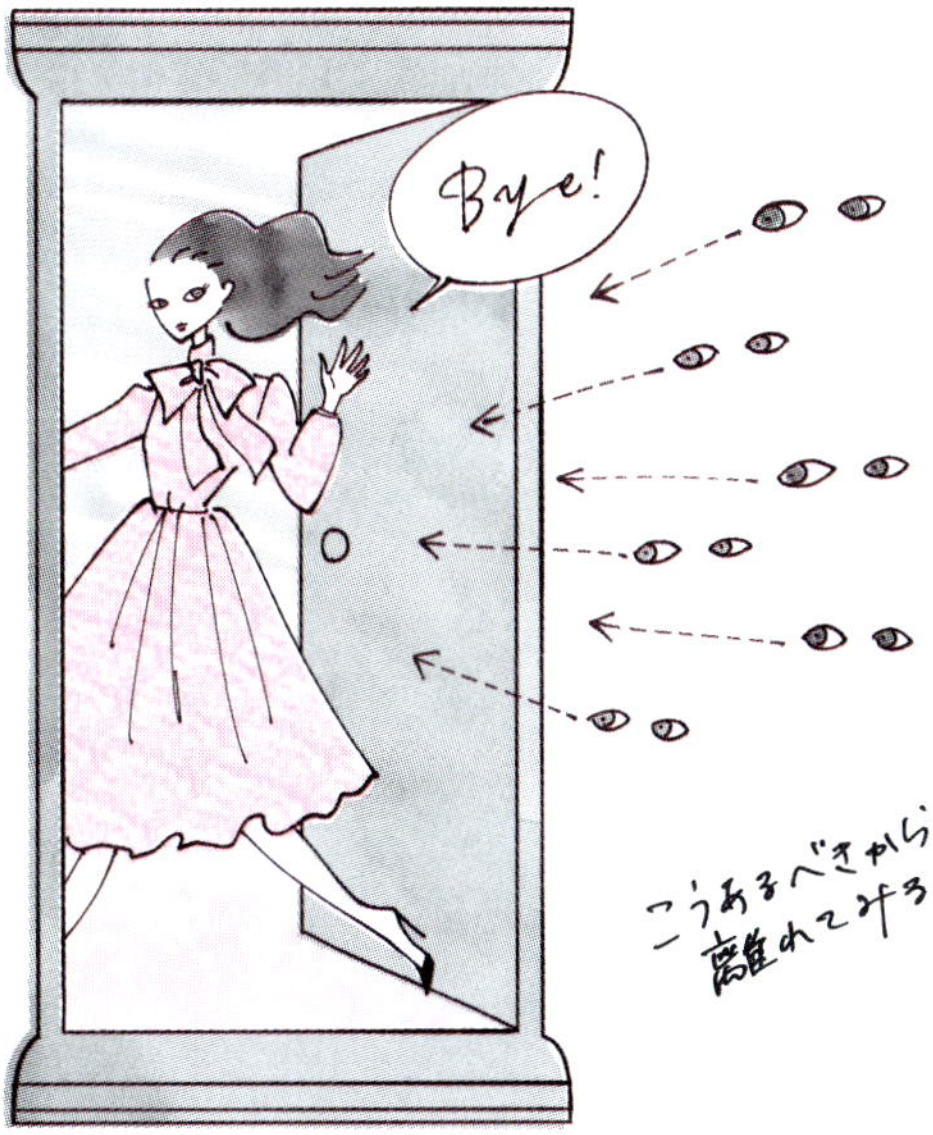

が絶対に人生は楽しくなるはずです。

私自身も少し前まで、「老け見えしないための…」だとか「オバ見えしてない？」「お古メイクになってない？」など、美容ライターの仕事でそういうコラムを書いていたときがあったけれど、違和感が大きくなり辞めてしまいました。

いいじゃないですか。今の流行から外れてても、自分が気に入ってたり、似合ってるのなら。流行を追うのが楽しい人は追ったらいいし、それがしんどい人はしなくてもいいんです。周りからの目を気にし過ぎるよりも、自分の心地よさ重視で生きてほしい。どういう状態、どういう見た目が自分らしいか、自分の物差しで生きていけた方が、きっとしなやかで、ずっと美しいと思うのです。

美容は「人生」を楽しむためのツール

いろいろな美容がありますが、それは全部「自分らしく生きる」ためのひとつの方法にすぎません。綺麗になることに囚われすぎて苦しくなったりプレッシャーを感じる必要もない。楽しく、心地よくが一番大事で唯一のルール。

1冊目の美容本を出版したあたりから、初対面の人に突然「言い訳」をされることが増えました。どういうことかと言うと……「私なんて、お肌とか何にもケアしてないから全然ダメなの」「子育てで必死でなんもできてなくて」という、言い訳です。「美容をちゃんとやってない私を怒らないで」というメッセージ性を感じるとともに「あれ？私、怖がられてるのかな？」と感じることが増えました。美容をちゃんとしていない人に「ダメ出しをする人」「ジャッジする人」だと思われてるのかな…そんな小さな違和感が私のなかで膨らんでいきました。

私自身が、自分の見た目や価値を他人の物差しで勝手にジャッジされるのが昔から嫌いでした。だから、頼まれてもないのに人にダメ出しなんてしたくない。そもそも私は初対面の人にいきなりダメ出しをできるほど、大層な人間ではありません。

この場を借りて、「私、怖くないから安心してください」と伝えたいです。

私は美容の仕事をしてるのにお酒を飲むし、ジャンクな食べ物も大好きで、漫画をめくる手が止まらずに夜更かしする日もあります。いきつけのカフェにいくと、ついクッキーまで頼んじゃうし、長めの休暇が取れれば南の島で太陽を浴びながらダラダラするのが至福の時間。一般論で言ったら、お酒もジャンクフードも、クッキーも紫外線も夜更かしも、全部美容には「悪いこと」です。

日焼け止めの塗り直しが面倒でやらないときだってあるし、疲れているときは髪を生乾きにしたまま寝てしまい、美容師の旦那に呆れられることもあります（しょっちゅう）。

「美容には悪いこと」です。

でも、人間、「正しい」「正解」ばかりで生きるのは窮屈じゃないですか。もちろん、綺麗になりたいなら「悪いこと」やはやめた方がいいし、「悪いこと」の頻度や内容によってはやめないと美容どころか健康を害することもあるかもしれません。

ただ、私は完璧な存在ではないですし、そもそも美容を仕事にしてはいるものの、美容のために生きているわけではありません。美容の仕事は生きがいだし、楽しいから、好きだからしてますが、そのためだけの人生だとも思っていません。

もちろん美容を仕事にしているから、お客様が説得力を感じてくれる見た目の自分でいたいし、何より自分が自分の見た目に納得していたいから、最低限のケアやポイントは押さえているつもりです。でも、大前提として人生は自分らしく、楽しむためにあると思っています。

だから、南の島へは日焼け止めを塗るためにいくわけじゃなく、海を見て太陽の光を浴びるために行きます。「暑い！でも気持ちいい！」という開放感を感じに行きます。カロリー制限をするために飲食店に行くんじゃなくて、美味しいお酒や食事を友人や家族と一緒に楽しんで「美味しい！幸せだよね〜！」って言い合う時間を味わうために行きます。

でも、そういう「楽しい時間」「気持ちいい時間」、自分にとっての心地よい時間があるから、日常のちょっとした面倒なこと、大変なことを乗り越えられたり、頑張れたりします。それは美容も一緒です。スキンケアやボディケア、美容にまつわる全ての行為は、義務ではなくて心地よい時間、心地いい自分でいるためのひとつの方法や習慣にすぎません。

自分が良いと思えれば、それが大正解です。やらない自分を責めたりもしなくていい。私は、どんな人のスタンスも全部肯定していきたい。
ただ、ありのままの自分を否定して、人からの評価を恐れて「やらなきゃ」と追い込んで、苦しみながらはやらないでほしい。どんな見た目の自分でも、そのまんま、受け入れてあげてほしい。今の自分も悪くないよね、でももっと良くなりたい、でいってほしいです。

美容は全部、誰かのためじゃなく、自分のため。

少なくともあなたを大事に思う人は、あなたを責めることなんてしないから。自分で自分の見た目に思い込みや呪いをかけて苦しくならないでね。もし、誰かに何か嫌なことを言われても嫌な体験をしても自分だけは、自分の最高の味方になってあげてくださいね。

CHECKLIST

第5章
×
人に影響されない自信の育て方

✓ 嫉妬との付き合い方

- □ 他人ばかり見て自分の感情や気持ちと向き合うのをおろそかにしていないか？
- □ 羨ましい、は私もそれはいい！そうなりたいのサイン

✓ 広告やSNSのプレッシャー

- □ 広告や、SNSで不安を呼ぶ発信は、あなたではなく、不特定多数に向けてのもの
- □ 今できることは、情報を遮断したり、欲しくない情報を意識的に避けていくこと

✓ 美の多様性との反比例

- □ 「美はこうあるべき」は存在しない。
- □ 「○○らしく」より自分らしく

✓ マスクを外せない人たち

- □ 「どう見られるか気になる自分」を手離す

✓ 美容は結局、誰のため？

- □ 自分を「彩る」ことは、人に対しての印象だけではなく自分自身のエネルギーを上げる行為

✓ 美容は「人生」を楽しむためのツール

- □ 美容にまつわるすべての行為は、心地いい自分でいるためのひとつの方法や習慣にすぎない
- □ 美容は全部、誰かのためじゃなく、自分のため

おわりに

「エステティシャン」という人を綺麗にするのが仕事の私が「綺麗を目指さなくてもよくない？」「別に美容頑張らなくてもいいよね」なんて発信をするなんて、変でしょうか。

私が伝えたいのは「美容」は自分の見た目を受け入れて、より輝かせるためのツールの一つであるということ、自分らしく生きていくためのケアの一つであるということです。

だから、心身を害したり、苦しんでまでやるものではないし、他にもっと優先順位の高いことがあってもいいし、むしろそれが当たり前だと思っているのです。綺麗になるため、容姿をよくするための人生ではなく、容姿をどう整えるかは、自分らしく楽しく生きるための一つのパーツでしかないってこと。

実は「この内容で本を書きたい」という企画書はたくさんの出版社に送りました。だって、「はじめに」でふれた小学3年生の彼女が大人になったとき、いや、大人になる過程で、少しでも今よりも生きやすい世の中になってほしいから。美容の仕事はただ人を綺麗にする仕事ではなくて、その人が自分らしく生きるための手伝いをする仕事だから、私にできることが、書けることがあるかもしれないって。どうしても本というかたちにしたかったのです。

でも、興味を持ってくる編集者さんはいても「綺麗になるためのノウハウ」は売れても「ルッキズムや精神論を扱った本は売れない」「美容の仕事をしてるあなたがこれを伝えるのは難しいのでは?矛盾してるのでは?」など、厳しい反応があまりにも多く、企画が通る希望が見えなくて、実は私は何度も諦めモードになりました。

でも、やっぱり小学生や10代の輝くような若さを持っている人たちが自分の見た目に自信がもてず、整形したいっていう世の中のままでいいんだろうか。どの世代だってダイエットや見た目で散々悩んできた人たちはいるけど、今の時代の若者たちの方がもっと過酷なルッキズムの渦中にいるんじゃないか?って。

美容の仕事をしてるからこそ、世代関わらず悩みや苦しみの中にいる人や、若い世代に伝えられることって何かあるんじゃないか、と。私自身も、見た目で悩んで踊らされてきた一人です。美人だからと批判され、いじめられたこともある。ブスだからと批判され、いじめられたこともある。両方経験したし、綺麗になって人生が変わる、そんな美容のパワーも知っている私だからこそ、そのパワーがねじれた時の苦しみや、その先も伝えたかった。

そんな私の「美容に疲れた、見た目で苦しむ人に伝えたい」という気持ちを受け止めて「優しい本をつくりましょう」と、出会いから4年がかりで根気強く、本づくりを実現してくれた編集の井上さん。二つ返事で本づくりを受け入れてくれた「笑がお書房」の伊藤さん。名作映画のビジュアルや有名作品のデザインをたくさん手掛けているのに、無名の私に快く力を貸してくれたデザイナーのはらだなおこさん。この場を借りて心から、感謝をお伝えします。また、自立した女性を最高にオシャレにカッコよく表現するイラストレーターのＩＳＡＪＩさん。いつかルッキズムや美容論についての本を書くことができるなら、イラストは絶対にＩＳＡＪＩさんにお願いしたいと数年前から密かに夢見てました。快く引き受けてくださり、ありがとうございました。

出版が決まらず諦めかけた私に「今の世の中に必要な本だよ」「絶対にタイミングがくれば決まるから」「あんたにしか書けへん」と私以上に私を信じてくれた友人たちと、静かに寄り添い応援してくれた家族にも感謝を。

この本を読んで少しでも、心が軽くなったり、「まあいっか！」と思えたり、他人や社会の価値観ではなく、自分の軸で生きられる人が増えたら、そのきっかけの一つになれたらいいなと願っています。「綺麗になる」は人生を楽しむための方法のひとつ。自分の人生を楽しんで充実させるには、人と比較したり、他人にかまってる時間はあまりありません。もっともっと自分に集中して、人生を楽しんでいきましょう。

これからも、私と関わった人たちが自分の魅力に気がついて、気楽に美容を楽しんでいけるように。健康的に、自分らしく、人生を楽しんでいけるように。エステティシャンとして著者としてお客様や読者様の「綺麗になりたい」をお手伝いさせていただきながら、「自分らしく人生を楽しむ」人を増やしていければ、そしてちょっぴりでも背中を押すことができたなら、本当にうれしいです。最後までお読みいただき、ありがとうございました。

永松麻美

永松麻美(ながまつあさみ)

1984年生まれ。エステティシャン・エステ講師。東京都世田谷区・下北沢でエステサロン&スクールSUHADA運営。幼少期にアトピー、思春期からはニキビと肥満で容姿コンプレックスに陥り自分の見た目が大嫌いな10代・20代を過ごす。綺麗になることを志し、エステティシャンに転身。資格取得、サロン勤務経験後28歳でサロン「SUHADA」を開業。肌質改善や小顔エステなど2万人以上の美容に携わる。見た目で悩む人を減らし、自分らしく生きる人を増やすためにエステ講師、本執筆など活動中。著書『人生がときめくシワとりパーフェクトブック』(産業編集センター)、『正しい知識がわかる美肌事典』(高橋書店)

SUHADA HP
https://suhada-salon.com

キレイかどうかは自分で決める
2024年12月1日　第1刷発行

著　者　永松麻美
発行人　伊藤邦子
発行所　笑がお書房
〒181-0004 東京都三鷹市新川4-25-2-404
TEL 0422-29-6223
https://egao-shobo.amebaownd.com/

発売所　株式会社メディアパル（共同出版者・流通責任者）
〒162-8710 東京都新宿区東五軒町6-24
TEL 03-5261-1171

編　集　井上俊樹
伊藤英俊（笑がお書房）
デザイン　はらだなおこ
イラスト　ISAJI

印刷・製本　シナノ書籍印刷株式会社

■お問合せについて
本書の内容について電話でのお問合せには応じられません。予めご了承ください。
ご質問などございましたら、往復はがきか切手を貼付した返信用封筒を同封のうえ、発行所までお送りくださいますようお願いいたします。

定価はカバーに表示しています。

ISBN978-4-8021-3484-2 C5077